Zeitzeugen aus Stein, Stahl und Kohle

Industriedenkmäler im Ruhrgebiet

Zeitzeugen aus Stein, Stahl und Kohle

Industriedenkmäler im Ruhrgebiet

Rolf Kiesendahl

Ellert & Richter Verlag

Inhalt

Vorwort

Das Zechensterben begann Mitte der 1960er-Jahre. Damals zeichnete sich ab, dass die heimische Steinkohle den Wettbewerb gegen Erdöl und Importkohle auf Dauer verlieren würde. Niemand setzte auch nur einen Pfennig auf die Zukunft der stählernen Fördergerüste, der imposanten Backsteingebäude und Kokereiöfen. Ähnlich sah es bei den Hütten- und Stahlwerken aus, denen gewaltige Überkapazitäten zu schaffen machten. Die Montanindustrie, bis dahin der wirtschaftliche Motor des Ruhrgebiets, steckte in der Krise. In Dutzenden Bergwerken hieß es „Schicht im Schacht", viele Hochöfen wurden für immer ausgeblasen. Die Dominanten des Reviers, von denen viele über ein Jahrhundert lang das Leben in der Region geprägt hatten, galten jetzt als Altlast, die das ohnehin miese Image des Ruhrgebiets noch weiter nach unten zogen. An manche der Zechen und Hüttenwerke erinnern heute nur die Straßennamen. Doch die schönsten und wichtigsten blieben erhalten und ziehen heute Millionen Besucher an – als Zeitzeugen aus Stein, Stahl und Kohle.

Wegweisend war deshalb der 1969 gefasste Entschluss, das prächtige Jugendstilportal der Maschinenhalle der Dortmunder Zeche Zollern unter Denkmalschutz zu stellen, das ohne weiteres als pompöses Entrée eines Pariser Bahnhofs anno 1900 dienen könnte. Ein Startsignal, das den Beginn der Industriedenkmalpflege markierte. Immer weitere Relikte der Hochindustrialisierung kamen nun auf die Denkmalliste. Für einen großen Schub sorgte dabei die auf zehn Jahre angelegte Internationale Bauausstellung Emscherpark (IBA), die ab 1989 dem Ruhrgebiet wirtschaftliche, soziale und kulturelle Impulse geben und den Tourismus ankurbeln sollte. Als die UNESCO 2001 die 1986 stillgelegte Essener Zeche Zollverein als Welterbe adelte, erkannten auch Skeptiker den kulturellen und emotionalen Wert der Denkmäler. Industriekultur war endgültig zu einem festen Begriff geworden. Seither verwandelten sich die

Orte harter Maloche in Orte der besonderen Art. Viele Menschen verbringen dort ihre Freizeit. Fast überall zogen Firmen ein. Der abgenutzte Begriff „vom neuen Leben in alten Hallen" – dort trifft er zu.
Keine andere Region weist mehr Industriedenkmäler auf als das Ruhrgebiet. Jahr für Jahr kommen Besucher dorthin, die leicht schaudernd, aber immer fasziniert, die angegrauten Hochöfen, gigantischen Rohrleitungen und wuchtigen Aggregate bestaunen, in deren Umfeld unsere Großväter und Urgroßväter schufteten. Nirgendwo anders kommt der Betrachter näher auf Tuchfühlung mit der Geschichte der Arbeit.
Von der Moerser Halde Rheinpreußen mit der größten Grubenlampe der Welt bis zur Zeche Radbod in Hamm reicht die Spannweite der Zeitzeugen der Industriekultur, die in diesem Buch beschrieben werden. Dabei geht es nicht nur um Industrie-Ikonen wie die Kokerei Hansa in Dortmund, Zollverein oder den Landschaftspark Duisburg-Nord – einem alten Hüttenwerk, das nun in die zurückgekehrte Natur eingebettet ist. Auch Standorte abseits von Kohle und Stahl spielen eine gewichtige Rolle. So die Textilfabrik Cromford in Ratingen. Sie war vor über 200 Jahren die erste Fabrik auf dem europäischen Kontinent, in der maschinell Baumwolle zu Garn gesponnen wurde, und zwar mit Hilfe von Wasserkraft. 1899 eröffnete Kaiser Wilhelm II. das Schiffshebewerk Henrichenburg in Waltrop. Noch heute gilt der einst größte Schiffslift der Welt als technisches Wunderwerk.
Hinter jedem Ziel verbirgt sich eine interessante Geschichte. Natürlich war es nicht ganz einfach, die aus meiner Sicht interessantesten und ungewöhnlichsten Zeugnisse der industriellen Vergangenheit aus dem breiten Angebot auszuwählen. Viele andere Orte auf der Route der Industriekultur, einem 400 Kilometer langen Straßenrundkurs, sind ebenfalls einen Besuch wert. Aber der Platz in diesem Buch ist leider begrenzt.
Machen Sie sich also auf zu einer Zeitreise in eine spannende Industriekulturlandschaft, die in dieser Form einmalig auf der Welt ist.
Haben Sie Spaß und Genuss dabei. Glück auf!

Rolf Kiesendahl

Der Hebeturm half der Eisenbahn über den Rhein:

Trajektturm Homberg

Vom Hebeturm Homberg aus wurden Waggons auf die Eisenbahnfähre geliftet.

Dampffähren

Dampffähren wurden, wie der Name schon sagt, von Dampfmaschinen angetrieben. Die von James Watt in England erfundenen Dampfmaschinen waren im 19. Jahrhundert das einzig verfügbare Antriebsaggregat und blieben dies bis ins 20. Jahrhundert hinein. Der leistungsfähigere und unkomplizierte Dieselmotor ging bekanntlich erst 1897 in Betrieb.

Ein großes Problem machte der Eisenbahn Mitte des 19. Jahrhundert zu schaffen. Um die linksrheinischen Gebiete mit dem Ruhrgebiet zu verbinden, musste die Bahn zwischen den damals selbstständigen Städten Ruhrort (rechtsrheinisch) und Homberg den Fluss überqueren. Der naheliegende Bau einer Brücke kam nicht infrage, weil das preußische Militär darin einen strategischen Vorteil für die Franzosen sah. Um die Versorgung des linken Niederrheins zu sichern, wurden steile Rampen gebaut, auf denen die Waggons mit Seilwinden auf spezielle Pontons heruntergelassen und auf der anderen Seite wieder hochgezogen wurden. Diese Trajektierung (Überfahrt) war eine heikle Angelegenheit, die durch Hoch- oder Niedrigwasser, Sturm und Eisgang noch

Die Rheinbrücke Ruhrort (r.) – Homberg, 1907 erbaut, machte die Trajekttürme überflüssig. Im Zweiten Weltkrieg wurde die Brücke gesprengt, in den frühen 1950er-Jahren wieder aufgebaut.

schwieriger wurde. Da halfen auch die an beiden Seiten angelegten Hafenbecken nicht. Die Lösung kam – wie so oft während der Industrialisierung – aus England. Britische Ingenieure errichteten auf beiden Seiten des Flusses zwei 30 Meter hohe Hebetürme, mit denen es möglich war, auf einer Plattform mittels hydraulisch betriebener Aufzüge

 **Gastro-Tipp:**

Nur wenige Schritte vom Hebeturm entfernt bietet das Café und Kneipe R(h)einblick eine solide gastronomische Grundversorgung von Pizza/Pasta bis Schnitzel zu sehr fairen Preisen. Ein schöner Blick auf den Rhein. Bei gutem Wetter lockt der Biergarten.

Café und Kneipe R(h)einblick
Rheinanlagen 13
47198 Duisburg
T. 02066 502597
www-rheinblick-homberg.de
tgl. ab 17 Uhr

„Rheinorange" heißt die Skulptur des Bildhauers Lutz Fritsch an der Ruhrmündung. Eine Landmarke. Rheinland und Ruhrgebiet treffen hier aufeinander.

Gastro-Tipp:
Vom Trajektturm aus sind es nur wenige hundert Meter auf der schmalen Rheinpromenade stromaufwärts zum Hotel Rheingarten. Vom Restaurant aus hat man einen tollen Blick auf den Strom. Gediegene regionale und internationale Küche zu fairen Preisen.
Hotel Rheingarten
Königstr. 78
47198 Duisburg
T. 02066 20440
www.hotelrheingarten.com
tgl. 17–21.30 Uhr

Waggons mit einem Gesamtgewicht von bis zu 35 Tonnen zu heben oder zu senken – punktgenau auf das jeweilige Wasserniveau abgestimmt. Die Waggons rollten auf eigens dafür konstruierte Dampffähren und wurden am anderen Ufer auf die gleiche Weise entladen. 1856 ging die Anlage in Betrieb und beför-

derte sogleich 47 050 Waggons pro Jahr über den Fluss. Mit der alten Methode waren es maximal 30 000.
Die große Zeit der Trajektierung dauerte jedoch nicht lange. Nach dem gewonnenen Krieg 1870/71 lockerten die Preußen das Brückenverbot. Einige Rheinbrücken entstanden, darunter die nur wenige Kilometer stromaufwärts gelegene Brücke Hochfeld-Rheinhausen. Ab 1885 standen die Waggon-Aufzüge still, mit dem Bau der Ruhrort-Homberger Brücke anno 1907 waren die Hebetürme dann komplett überflüssig. Während der Ruhrorter Turm 1971 abgerissen wurde, blieb der wuchtige Turm am westlichen Ufer stehen und reckt sich noch heute Respekt heischend gen Himmel, als letztes Relikt einer kurzen Phase der langen Flussgeschichte.

Rheinanlagen 12
47198 Duisburg

Echo des Poseidon

Von der Friedrich-Ebert-Brücke, die heute die beiden Duisburger Stadtteile Ruhrort und Homberg verbindet, führt eine Spindeltreppe hinunter zur Spitze der Mercatorinsel im Duisburg-Ruhrorter Hafen. Dort, direkt an der Hafeneinfahrt, begrüßt die über fünf Meter hohe Bronzeskulptur „Echo des Poseidon“ von Markus Lüpertz die ankommenden und vorbeifahrenden Schiffe. Altkanzler Gerhard Schröder weihte das Kunstwerk im Mai 2016 ein.

Reinorange

Nur wenige hundert Meter weiter mündet die Ruhr in den Rhein. Dort, an der Nahtstelle zwischen Ruhrgebiet und Rheinland hat der Kölner Bildhauer Lutz Fritsch 1992 seine Skulptur „Rheinorange“ errichtet. 25 Meter hoch, sieben Meter breit und einen Meter tief ist die monumentale Landmarke am Neuenkamper Ufer, die sich leuchtend in den Himmel reckt. „Rheinorange“ ist angelehnt an den Farbton RAL 2004, dem Reinorange.

Frachtensegler im Herrenbecken der alten Badeanstalt:

Museum der Deutschen Binnenschifffahrt

Eindrucksvoller Backsteinbau: Im früheren Hallenbad Ruhrort residiert heute das Museum der Deutschen Binnenschifffahrt.

Ohne Kinderbecken, Whirlpool und angeschlossener Saunalandschaft gilt ein Hallenbad als kaum konkurrenzfähig. Vor gut 120 Jahren, zu Beginn des 20. Jahrhunderts, hatten die Menschen im Ruhrgebiet viel bescheidenere Ansprüche. Im Zuge der Industrialisierung waren die Städte an Rhein, Ruhr und Emscher explosionsartig gewachsen. Hüttenwerke und Zechen benötigten immer mehr Arbeitskräfte. Aus allen Teilen Deutschlands und den östlichen Nachbarländern kamen Hunderttausende ins Revier, die der Armut ihrer meist ländlichen Herkunftsregionen entfliehen wollten.

Wer rasch eine Wohnung fand, konnte sich als privilegiert fühlen – was aber nicht hieß, dass diese Wohnung auch ein Badezimmer hatte. Die Toilette auf dem Flur für alle Bewohner der Etage war Standard. Und samstags wurde die Blechwanne in der Küche aufgestellt – Pech für den, der als Letzter hinein musste. Oft blieb den Menschen aber nur der Besuch einer Badeanstalt, um den Schmutz des Alltags loszuwerden und bei der Gelegenheit ein paar Bahnen zu schwimmen. Oder erst einmal Schwimmen zu lernen, was damals längst nicht jedem vergönnt war.

Vor diesem Hintergrund stifteten das Ruhrorter Ehepaar Eduard Carp und seine Frau Alma, eine Enkeltochter des Industriellen Franz Haniel, 100 000 Reichsmark für den Bau der Städtischen Badeanstalt. Als Gesellschafter der schwerreichen Haniel-Gruppe und Präsident der Handelskammer Ruhrort war Carp dies problemlos möglich.

So entstand neben dem Hüttenwerk Phoenix ein eindrucksvoller, dreiteiliger Backsteinbau. Die Werksangehörigen konnten also gleich nach der Schicht ihr Bad nehmen. Aber auch andere Bürger hatten Zutritt. Wie zu Kaisers Zeiten üblich, ging es betont prüde zu, weshalb Männlein und Weiblein nie gemeinsam plantschen durften, sondern streng getrennt im Damen- und im Herrenbad.

1985 war das Ruhrorter Hallenbad, das nun im Schatten des Kraftwerks „Hermann Wenzel" lag, trotz mehrmaliger Renovierung wirtschaftlich nicht mehr zu halten. Im Zuge der Internationalen Bauausstellung IBA Emscher Park wurde die ehemals Städtische Badeanstalt zum Museum der Deutschen Binnenschifffahrt umgebaut. Vom Einbaum bis zum modernen Schubverband wird dort die Schifffahrtsgeschichte anhand von detailgetreuen Modellen und multimedial erlebbar ge-

Kinder im Museum der Deutschen Binnenschifffahrt

Auch für Kinder ist ein Besuch des Museums der Deutschen Binnenschifffahrt sehr gut geeignet. Der begehbare Nachbau eines Binnenschiffes im Damenbecken steht bei den Kleinen hoch im Kurs. An Bord des Spielschiffs „Hermann" bekommen sie einen Eindruck, wie hart die Zeiten damals an Bord waren.

www.binnenschifffahrtsmuseum.de

Tjalk
Eine Tjalk ist ein historischer holländischer Segelschifftyp mit einem Mast, der nur im und am Wattenmeer und im flachen Gewässer eingesetzt wurde.

Eimerkettendampfbagger
Der Eimerkettendampfbagger „Minden" wurde 1882 in Mainz gebaut und bis nach 1970 für Baggerarbeiten auf der Weser eingesetzt. Der Dampfantrieb hatte den Vorteil, dass die Maschine einfach stehenblieb, wenn sich die Eimer im Untergrund festhakten. Es gab keinen Rücklauf. Es handelt es sich nicht um ein Schiff, weil es keinen eigenen Antrieb hat. Übrigens: Die „Minden" buddelte mit 27 Eimern mit einem Fassungsvermögen von jeweils 71 Litern.

macht. Auch die Arbeit der Hafen- und Werftarbeiter steht im Fokus. Die Aufteilung in ein Damen- und ein Herrenbecken erwies sich im Nachhinein als Glücksfall, denn so entstanden zwei große Ausstellungsräume. Mitten im Herrenbecken steht heute mit vollen Segeln die Tjalk „Goede Verwachting" (Frohe Er-

„Goede Verwachting" (frohe Erwartung) heißt diese Tjalk, ein friesisches Flussfahrtschiff.

wartung), ein friesisches Flussfrachtschiff aus dem Jahr 1913. Im Damenbad geht es um die Arbeit und das entbehrungsreiche Leben der Schifferfamilien an Bord. Per Großbildprojektion kann sich der Besucher in die Rolle eines Schiffsführers auf Rheinreise versetzen.

Museum der Deutschen Binnenschifffahrt
Apostelstraße 84
47119 Duisburg
T. 0203 8088940
www.binnenschifffahrtsmuseum.de
Di–So 10–17 Uhr

Nur wenige Gehminuten vom Museum der Deutschen Binnenschifffahrt entfernt fließt der Rhein vorbei. Wer dem Uferverlauf in Richtung Hafen folgt, passiert den Ruhrorter Pegel und kommt dann zum Schaufelradschleppdampfer „Oscar Hu-

Der Schaufelradschlepper „Oscar Huber“ konnte bis zu sieben Frachtkähne ziehen. Seit 1973 ist er Museumsschiff.

ber“, der 1922 in Duisburg vom Stapel lief und mit seinen 1550 PS bis zu sieben Frachtkähne ziehen konnte. Seit 1973 ankert der letzte Radschleppdampfer auf dem Rhein am Vinckekanal, dient seither als Museumsschiff und ist somit ein Vorläufer des eigentlichen Museums. Direkt daneben liegt ein noch älteres Schätzchen, der Eimerkettendampfbagger „Minden“. Nicht mehr weit ist es zum Anleger Steiger Schifferbörse, an dem die Hafenrundfahrtschiffe der Weißen Flotte festmachen.

Museumsschiff Oscar Huber
Vinckekanal, am Leinpfad
47119 Duisburg
T. 0203 8088940
www.binnenschifffahrtsmuseum.de
Di–So 10–17 Uhr, (30. März – 3. Okt.)

 **Gastro-Tipp:**

Eine typische Hafenkneipe, von der man direkt in den Hafen plumpsen kann. „Zum Hübi“ liegt an der Horst-Schimanski-Gasse, die von der Dammstraße zum Vinckekanal führt. Schon „Schimmi“ trank hier gern und oft sein Pils. Bunt gemischtes Publikum, das den leicht morbiden Charme des Ortes genießt. Die Außenplätze sind super – wenn das Wetter mitspielt.

„Zum Hübi“
Dammstraße 27
47119 Duisburg
T. 0203 8788544
www.zumhuebi.de
Mi–Fr ab 16 Uhr, Sa–So ab 11 (bei Regen ab 16 Uhr)

Backsteinexpressionismus und meist befahrener Brückenzug:

Tausendfensterhaus und Karl-Lehr-Brücke

Der größte Teil der erneuerten Karl-Lehr-Brücke überspannt den Hafenkanal.

Autofahrer haben es oft eilig – und meist wenig Sinn für den geschichtlichen Hintergrund der Strecke, auf der sie gerade fahren. Wer von der Duisburger Innenstadt aus in den Hafenstadtteil Ruhrort will, kommt zwangsläufig über die Karl-Lehr-Brücke, die mit ihren drei Bögen Ruhr, Kaiserhafen und Hafenkanal überspannt. Staus sind dort an der Tagesordnung – heute wie vor dem Zweiten Weltkrieg, als die Verbindung als meistbefahrener Brückenzug Westdeutschlands galt. Doch die Geschichte der Brücke geht viel weiter zurück. Noch Mitte der 19. Jahrhunderts wurde der Personen- und Güterverkehr zwischen Duisburg und dem damals noch selbst-

Die erste Hafenbrücke wurde schon 1864 gebaut, finanziert vom Industriellen Franz Haniel.

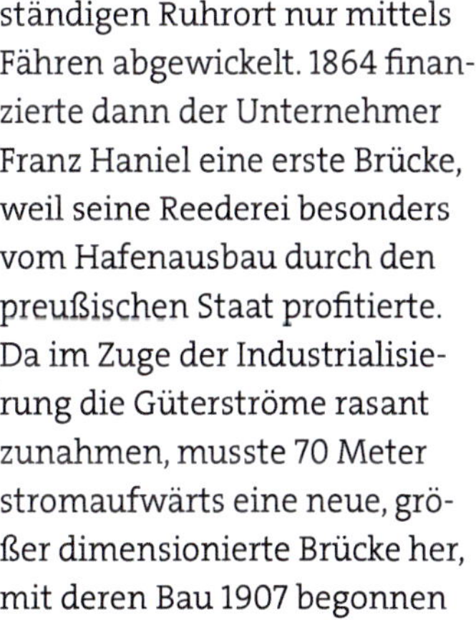

ständigen Ruhrort nur mittels Fähren abgewickelt. 1864 finanzierte dann der Unternehmer Franz Haniel eine erste Brücke, weil seine Reederei besonders vom Hafenausbau durch den preußischen Staat profitierte. Da im Zuge der Industrialisierung die Güterströme rasant zunahmen, musste 70 Meter stromaufwärts eine neue, größer dimensionierte Brücke her, mit deren Bau 1907 begonnen wurde. Sie trägt seither den Namen des Duisburger Oberbürgermeisters Karl Lehr, der den Zusammenschluss der Städte Duisburg und Ruhrort sowie ihrer Hafengesellschaften vorangetrieben und damit einen ruinösen Wettbewerb beendet hatte.

Doch der Zweite Weltkrieg hinterließ seine Spuren. Deutsche Soldaten sprengten 1945 die Brücke, um den Vormarsch der Alliierten zu erschweren. 1949 wurde sie bereits wieder aufgebaut, unter anderem mit einem Teil der ebenfalls zerstörten Kölner Hohenzollernbrücke, die die Kölner gegen Eisenbezugs-

Franz Haniel

Vieles in Duisburg-Ruhrort erinnert an Franz Haniel (1779-1868), dem berühmtesten und wichtigsten Spross des 1756 gegründeten Handelshauses, das bis heute im Familienbesitz ist. Er gilt als Vater des klassischen Ruhrgebiets. Denn unter seiner Leitung gelang es 1834, die bis dahin als undurchdringbar geltende Mergeldecke im tieferen Erdreich, unter der die großen Kohlevorkommen des Reviers lagen, zu durchstoßen. Franz Haniel gehörte zu den Mitbegründern der Gutehoffnungshütte (GHH) in Oberhausen und eröffnete 1847 die Zeche Zollverein in Essen, heute Weltkulturerbe. Außerdem gehörten ihm eine Reederei, ein Kohlenhandel und eine Spedition.

scheine eingetauscht hatten. Nur wenige hundert Meter weiter erhebt sich auf der Westseite das Tausendfensterhaus, ein trutziger Block unter einem großen Dach, mit gleichförmigen Reihen von Fenstern, das 1922/23 nach Plänen des Düsseldorfer Architekten Heinrich Blecken errichtet wurde und noch heute als bedeutendes Beispiel für den sogenannten Backsteinexpressionismus gilt.
Mit eigener Auffahrt, Portal und Vordach diente das Gebäude als repräsentativer Verwaltungssitz der Rheinischen Stahlwerke, wurde aber nie umfassend genutzt, weil das Unternehmen in den Vereinigten Stahlwerken aufging und wegen der damit verbundenen Rationalisierungseffekte Flächen leer blieben. Viele Büros im Tausendfensterhaus, das tatsächlich aber nur 510 Fenster hat, wurden an Firmen und Behörden vermietet.

Tor zu Ruhrort: Das 1922/23 erbaute Tausendfensterhaus. Der repräsentative Backsteinbau hat real nur 510 Fenster.

Nach dem Zweiten Weltkrieg zog neben anderen Mietern das Finanzamt dort ein. Nach der umfassenden Modernisierung 1996, bei der der Innenhof mit einem Glasdach geschlossen wurde, sendete einige Jahre lang das Lokalradio aus dem „Tor zu Ruhrort". Hauptnutzer ist heute eine ambulante Augenklinik.

Tausendfensterhaus,
Ruhrorter Str. 187
47119 Duisburg

 **Gastro-Tipp:**

Etwa 500 Meter sind es vom Tausendfensterhaus zum Vinckekanal und dem Leinpfad. An der Ecke Kasteelstraße führt ein gläserner Außenaufzug ins Dachgeschoss des Hotels La Vigie im Hafenstadtteil Duisburg-Ruhrort direkt ins Ristorante Belvedere. Aber nicht nur der Blick über den Rhein und die Häfen ist bemerkenswert, auch die mediterrane Küche zu fairen Preisen erfährt viel Anerkennung.

Ristorante Belvedere
Kasteelstraße 1–3
47119 Duisburg
T. 0203 800550
www.hotel-lavigie.de
Mo–Fr 11.30–14.30 Uhr, 18–22 Uhr
Sa 18–22.30 Uhr, So 11.30–14.30 Uhr, 18–20 Uhr

Vom Brotkorb des Reviers zum schicken Szeneviertel:

Der Innenhafen

Szeneviertel Innenhafen: In die alten Speicher und Mühlengebäude zogen Kreative, Gastronomen, innovative Firmen und das Museum Küppersmühle ein.

Rückblick in die 1920er- und 1930er-Jahre des vergangenen Jahrhunderts, als Duisburgs Innenhafen der Brotkorb des Ruhrgebiets war: In großen Schleppkähnen wurde die Getreideernte der gesamten Region angelandet, in Silos und Speichern gelagert, in riesigen Mühlenwerken gemahlen und wieder verladen. Aber auch das Holz für den Stollenausbau der Zechen im Revier kam dort an. Die Südseite des Hafens bestand aus wuchtigen Backsteingebäuden, die den Stolz und die Wirtschaftskraft der Stadt ver-

körperten – und in denen geschäftiges Treiben herrschte. Aber schon gegen Ende der 1930er-Jahre war es unkomplizierter, das Getreide per Lkw und Eisenbahn vom Erzeuger direkt zu den Mühlen überall im Land zu transportieren.

Stempel

Stempel oder Grubenstempel werden im Bergbau zum Abstützen des Hängenden verwendet. Sie können aus Holz, Stahl oder Leichtmetall sein.

 **Gastro-Tipp:**

Kunst und Kulinarik liegen hier eng beieinander, denn das Restaurant Küppersmühle ist im gleichen Backsteinspeicher untergebracht wie das renommierte Museum Küppersmühle. Fine Dining mit Blick auf das Hafenbecken und Sylt-Feeling versprechen die Betreiber. Unter den zahlreichen Lokalen im Innenhafen das mit Abstand edelste von allen.

Restaurant Küppersmühle
Philosophenweg 49–51
47051 Duisburg
T. 0203 518888-0
kleine Karte: Di–So 12–18 Uhr
à la carte: Di–So 18–22 Uhr
www.kueppersmuehle-restaurant.de

Auch Holz wurde kaum noch verladen. Zum einen kamen im Bergbau mehr und mehr Stempel (Stützelemente) aus Stahl zum Einsatz. Zum anderen hatte sich mit dem Beginn des Zechensterbens Ende der 1950er-Jahre auch dieses Geschäft erledigt. In der Folge verkam der stolze Innenhafen zu einem x-beliebigen Gewerbegebiet mit Speditionen, Lagern und Hinterhofkrautern.

Spektakuläre Neubauten entstanden auf der Nordseite des Innenhafens. Hier die „Five Boats" des britischen Stararchitekten Sir Nicholas Grimshaw.

Zurück im Hier und Jetzt schaut der Besucher auf ein fast durchgängiges Backsteinensemble, das komplett unter Denkmalschutz steht. Im Erdgeschoss von jedem der alten Gemäuer laden Restaurants und Kneipen zum Verweilen ein. In den Etagen darüber haben sich Werbeagenturen, Verwaltungen, IT-Firmen und Kreative angesiedelt. Ganz am Ende des Philosophenwegs steht das Museum Küppersmühle, eines der angesehensten deutschen Museen mit einer der umfangreichsten Sammlungen deutscher Kunst nach 1945. Die Schweizer Stararchitekten Herzog & de Meuron haben den alten Speicher in einen zeitgemäßen Kulturbau mit lichten, hohen Räumen umgewandelt.

Auf der Seite, die dem Hafenbecken zugewandt ist, liegen teilweise noch die alten Pflastersteine und die Schienen der ehemaligen Hafenbahn.

Der Weg führt vorbei an Laderampen und einem alten Kran. Bewusst wurde alles so belassen, um die besondere Atmosphäre des Ortes zu erhalten.

Bis auf den Wasserspiegel, der mit Hilfe des Portsmouthdammes um mehrere Meter angehoben wurde und knapp unterhalb der Straßenebene liegt. Schiffe können jetzt nicht mehr anlegen, sehr wohl aber an der Marina jenseits des Dammes.

Kaum mehr Schiffe, aber umso mehr Menschen kommen nun hierher.
Der Masterplan für den Gestaltwandel des Niemandslandes am Wasser zu einem trendigen Hafenviertel stammt vom britischen Stararchitekten Lord Norman Foster. Dazu gehören auch schicke Wohnanlagen an künstlichen Grachten, die wiederum vom Hafenbecken abgezweigt wurden. Duisburgs Docklands nennen viele Bewohner das Quartier, das zwangsläufig ein paar Nummern kleiner ausfällt als das Londoner Vorbild. Auf der zuvor brachliegenden Nordseite entstanden spektakuläre Neubauten. Der etwa zwei Kilometer lange Rundweg ist nicht nur für Architekturliebhaber und Fans der Industriekultur interessant. Es gibt auch jede Menge Gelegenheiten zur kulinarischen Einkehr.

Schifferstraße
Philosophenweg
47051 Duisburg
www.innenhafen-portal.de

Garten der Erinnerung
Direkt angrenzend an den Portsmouthdamm, auf der ruhigen Seite des Innenhafens, hat der israelische Land-Art-Künstler Dani Karavan aus den Resten der leer gezogenen und zurückgebauten Gebäude einen Park geschaffen, den „Garten der Erinnerung“. Die künstlichen Ruinen und das Grün des Parks bilden einen starken Kontrast zum turbulenten Viertel jenseits des Dammes. Wer noch ein paar Schritte weiter geht, kommt zum Steiger Schwanentor, dem Ausgangspunkt für die Hafenrundfahrten durch Europas größten Binnenhafen. Von dort aus geht es über den Außenhafen und vorbei an der Ruhrmündung in die verschiedenen Ruhrorter Hafenbecken.

Auf Tuchfühlung mit alten Hochöfen und der Natur:

Landschaftspark Duisburg-Nord

Fröhliche Kunst auf grauer Patina: Im Landschaftspark Nord bilden die verschiedensten Kunststile und Industriekultur eine spannende Kombination.

Wer hinter der Bezeichnung Landschaftspark Duisburg-Nord eine beschauliche, harmonische Grünanlage vermutet, ist komplett auf dem Holzweg. Nirgendwo anders schreitet der Besucher durch solch ein gut erhaltenes Ensemble aus Hochöfen, Erzbunkern und mächtigen Aggregaten, vorbei an rostigen Rohrleitungen und wuchtigen Maschinen, Kaminen und Kühltürmen. Und einem riesigen Gasometer, in dem tiefgetaucht wird.

Blade Runner

Blade Runner ist der Titel eines amerikanischen Science-Fiction-Films von Regisseur Ridley Scott aus dem Jahr 1982.

Wenn bei Dunkelheit die von Pink-Floyd-Lichtdesigner Jonathan Park geschaffene Installa-

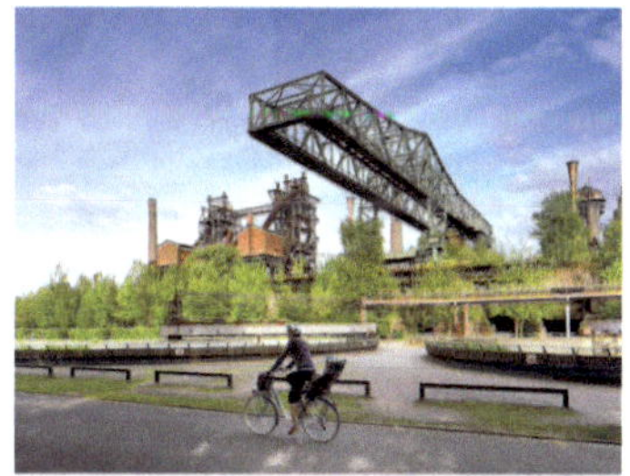

Die Natur ist zurückgekehrt: Zwischen den alten Aggregaten hat sich eine lebendige Flora und Fauna angesiedelt.

tion die Relikte des alten Hüttenwerks in ein warmes, geheimnisvolles Licht taucht, ist die surreale Kulisse perfekt. Der Kultfilm „Blade Runner" lässt grüßen. Regisseure, Kultur- und Eventmanager lieben deshalb den Landschaftspark im Stadtteil Meiderich. Und Hunderttausende Besucher im Jahr genießen die Magie dieses Ortes, an dem über 80 Jahre lang Roheisen für die Stahlwerke im benachbarten Hamborn produziert wurde. Einen reizvollen Kontrast dazu liefert die zurückkehrende Flora und Fauna. Mehrere Hundert Pflanzenarten und Dutzende Vogelarten und Insekten eroberten die Industriebrache zurück. Natur sowie die Zeitzeugen aus Stahl und Eisen gingen eine perfekte Symbiose ein.

Dabei sah es Mitte der 1980er-Jahre nicht gut für das Thyssen-Hüttenwerk aus. Wegen der Stahlkrise, verursacht durch Überkapazitäten, beschlossen die Verantwortlichen, das 1901 von August Thyssen gegründete Hochofenwerk zu schließen. Vom 4. April 1985 an standen alle Räder still, erkalteten die Hochöfen. Politik und Wirtschaft stritten unterdessen um die weitere Nutzung. Von Gewerbegebieten war die Rede, sogar von einem Einkaufszentrum. Man wollte weg von der alten Industrie. Doch die enormen Kosten für den Abriss sorgten erst einmal für Stillstand. Eine Grundinstandsetzung war viel günstiger.
Einzigartig ist die Tour auf dem begehbaren Hochofen 5, von dem der Besucher einen wunderbaren Blick über Duisburg und das westliche Ruhrgebiet hat.
Durch den früheren Erzbunker führen unterschiedliche schwere Kletterrouten. Dort befindet sich auch die nied-

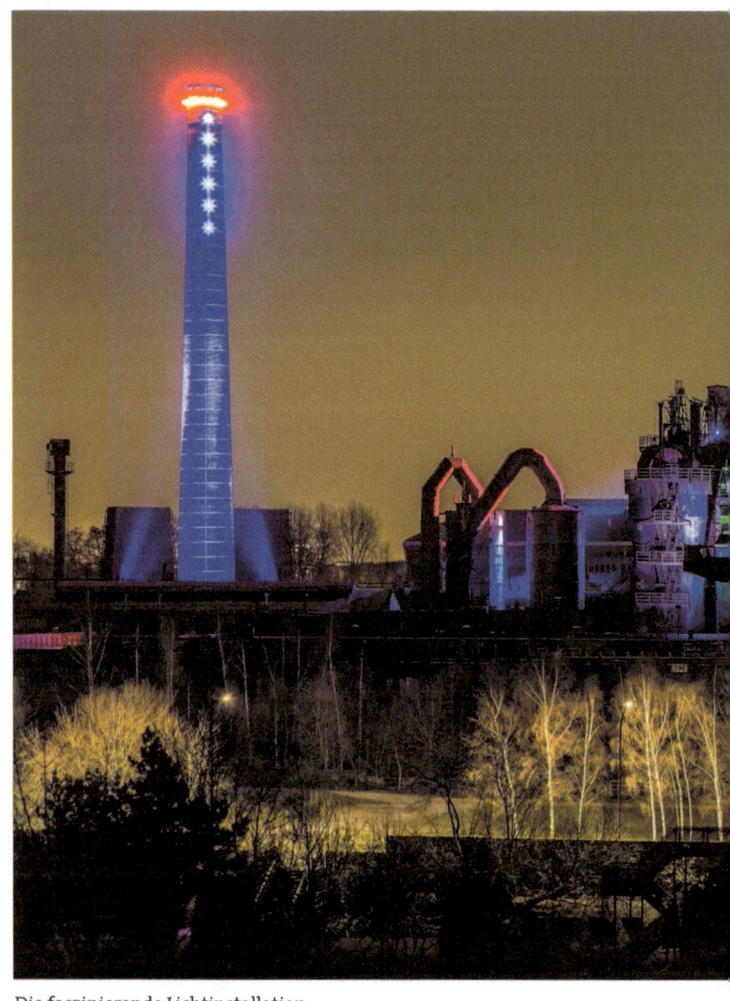

Die faszinierende Lichtinstallation von Jonathan Park verleiht dem Landschaftspark eine surreale Atmosphäre. Park illuminierte auch die Bühnenshows von Pink Floyd.

rigste Alpenvereinshütte Deutschlands.

Viel höher hinaus – bis auf 55 Meter – geht es im Hochseilgarten zwischen Hochofen 1 und 2. Per Seilrutsche oder

Drahtseil von einem Hochofen zum anderen balancieren, natürlich gut gesichert – wo gibt es das schon?

45 Meter Durchmesser weist der Gasometer auf, in dem früher das Hüttengas gespeichert wurde. Er avancierte zum größtem künstlichem Tauchzen-

trum Europas, in dem Hobbytaucher, aber auch die Rettungsspezialisten vieler Feuerwehren trainieren. Auf dem Grund, in 13 Metern Tiefe, liegen ein Klein-Lkw, ein Flugzeug und ein Schiffswrack. Der ebenfalls gesichtete Hai ist aus Gummi.

Der Hochofen 5 ist begehbar. Nach dem Aufstieg wird man durch einen tollen Blick auf das Gelände belohnt.

Internationale Bauausstellung Emscher-Park (IBA)

Großen Anteil an der Entwicklung des Landschaftsparks Duisburg-Nord, aber auch am Erhalt vieler Industriedenkmäler hat die Internationale Bauausstellung Emscher-Park, kurz IBA genannt, die am 21. April 1989 offiziell begann. Sie steht für ein auf zehn Jahre angelegtes und mit finanzieller Förderung verbundenes Zukunftsprogramm des Landes Nordrhein-Westfalen. Aufgabe der IBA war es, mit neuen Ideen und Projekten im städtebaulichen, sozialen, kulturellen und ökologischen Bereich Impulse für den wirtschaftlichen Wandel einer alten Industrieregion zu setzen.

Ein attraktiver Veranstaltungsort ist der Landschaftspark Duisburg-Nord auch wegen seiner großen Hallen. In der riesigen Kraftzentrale finden Konzerte im Rahmen der Ruhrtriennale und des alljährlichen Traumzeit-Festivals statt. Konzerne buchen sie gern für Kunden- und Mitarbeiterveranstaltungen, oft mit bekannten Künstlern.

Die Gebläsehalle wiederum ist bekannt für ihre besondere Akustik. Schon der Weg dorthin ist spannend, denn er führt vorbei an alten Aggregaten. In der ehemaligen Gießhalle wurde ein Open-Air-Kino mit über 1000 Plätzen eingerichtet,

Durch den Erzbunker führt eine der ungewöhnlichsten Kletterrouten Deutschlands.

das fast immer ausgebucht ist. Bei Regen wird ein Schutzdach hervorgezogen. Auch dort finden Konzerte und Theateraufführungen statt.
Nicht zuletzt wird auf dem industriegeschichtlichen Rundweg erläutert, wie Erz aus fernen Ländern in einem aufwändigen Prozess zu Roheisen verhüttet wird.

Landschaftspark Duisburg-Nord
Emscherstraße 71
47137 Duisburg
T. 0203 4291919
www.landschaftspark.de
rund um die Uhr geöffnet

Kraftzentrale
In der Kraftzentrale wurde früher mit Hilfe von Großmaschinen Luft erhitzt. Diese vorgeheizte Luft wurde anschließend in die Hochöfen geblasen und deshalb auch Hochofenwind genannt. Außerdem wurde hier der Strom für das Hüttenwerk und angrenzende Siedlungen gewonnen.

 **Gastro-Tipp:**

Nach dem Rundgang durch den Landschaftspark, vorbei an den stählernen Zeitzeugen und umrahmt von der zurückgekehrten Natur, muss der Besucher nicht lange nach einer Stärkung suchen. Im ehemaligen Hauptschalthaus im vorderen Bereich des Geländes gibt es gute, bodenständige Küche zu fairen Preisen.

Restaurant Hauptschalthaus
Emscherstraße 71
47137 Duisburg
T. 0203 41799180
www.hauptschalthaus.de
Di–Do 11–20 Uhr, Fr–Sa 11–00 Uhr, So 11– 20 Uhr

Verbeugung vor dem Design-Pionier:

Peter-Behrens-Bau – mehr als Ersatz für Gasometer und Zinkfabrik Altenberg während der Sanierung

Ein gutes Timing sieht anders aus. Im Jahr 2020 bleiben mit dem Gasometer und dem LVR-Industriemuseum Zinkfabrik Altenberg zwei der wichtigsten Standorte der Industriekultur geschlossen, weil sie umfassend saniert oder – wie die Zinkfabrik – im großen Stil umgebaut und den Anforderungen von Brandschutz und Barrierefreiheit angepasst werden. 2021 sollen die beiden Oberhausener Industriedenkmäler für Besucher wieder geöffnet werden. Für den Gasometer ist das Frühjahr als Termin vorgesehen.

Gasometer: die berühmteste Tonne der Welt

„Der Berg ruft", so hieß die letzte Ausstellung im Gasometer vor der Kunstpause, lockte fast 900 000 Besucher in die höchste Galerie dieser Art auf der Welt. Der unmittelbare Vorgänger „Wunder der Natur" überschritt sogar die Millionengrenze. Beide Zahlen zeigen, wie bedeutsam der 117,5 Meter hohe Gasbehälter der ehemaligen Gutehoffnungshütte mit einem Durchmesser von 67,6 Metern und einem Speichervolumen von 350 000 Kubikmetern für die Industriekultur, aber auch für den Tourismus in der gesamten Region ist.
Dabei waren die Oberhausener in den 1980er-Jahren sogar drauf und dran, die stählerne Riesentonne am Rhein-Herne-Kanal abzureißen. Zum Glück setzte sich rechtzeitig die Erkenntnis durch, dass dieses markante Relikt der Stahl-Ära das Potenzial hatte, zum außergewöhnlichsten Ausstellungsort Europas und darüber hinaus zu avancieren. Mit „Feuer & Flamme – 200 Jahre Ruhrgebiet" ging es 1994 los. Über 500 000 Besuchern zeigten an, dass der Plan aufgegangen war. 1999 erschien dann Verpackungskünstler Christo auf der Bildfläche und baute

Die riesigen Ausmaße des Gasometers machten es möglich. Für die Ausstellung „Der Berg ruft" wurde das Matterhorn auf den Kopf gestellt. Mit Hilfe eines großen Spiegels im Boden konnten die Besucher den magischen Berg so von oben sehen.

sein aus 13 000 Ölfässern bestehendes Kunstwerk „The Wall" auf. Seither ist der „Gaso" rund um den Erdball bekannt und hat Millionen Besucher angelockt, die im riesigen Innenraum, der einer Kathedrale gleicht, zusätzlich zu einem einzigartigen Raum- und auch Klangerlebnis kamen. Im Frühjahr 2021 wird die 17. Ausstellung im Gasometer eröffnet. Dann fährt auch wieder der gläserne Panoramaaufzug auf das Dach der Riesentonne. Bei klarem Wetter führt der Blick beinahe über das gesamte Ruhrgebiet.

www.gasometer.de

Zinkfabrik Altenberg: Zeitreise durch die Eisen- und Stahlindustrie

Noch interessanter und besucherfreundlicher will ab 2021 die Zinkfabrik Altenberg daherkommen, die gleich hinter dem Oberhausener Hauptbahnhof angesiedelt ist. Von 1854 an wurden dort Zinkbleche hergestellt, in den Spitzenzeiten waren es bis zu 20 000 Tonnen im Jahr. 1981 wurde die letzte Schicht gefahren. Heute gilt Altenberg als eine der wenigen komplett erhaltenen Fabrikanlagen der Gründerzeit und wird nach dem Umbau zu einer eindrucksvollen Zeitreise durch die Vergangenheit der Eisen- und Stahlindustrie an Ruhr und Emscher einladen.

Schwungräder, Dampfhämmer und andere dicke Brocken: Das LVR-Industriemuseum bietet eine Zeitreise durch die Schwerindustrie.

Der Weg wird auch künftig vorbei am riesigen, zehn Meter hohen und 53 Tonnen schweren Dampfhammer und einer riesigen Lok führen. Es werden Stahlwalzen, Schwungräder und viele andere stählerne Ungetüme gezeigt, teilweise geht es über eiserne Stege. Wohl jeder ahnt, wie gefährlich und entbehrungsreich früher die Arbeit an den Hochöfen und in den Walzwerken war. An vielen Medienstationen dokumentieren alte Filme, wie der Alltag der Menschen innerhalb und außerhalb der Fabriken aussah – und wie die Industriebarone reicher und reicher wurden. Man darf auf 2021 gespannt sein.

www.industriemuseum.lvr.de

Peter-Behrens-Bau: die neue Sachlichkeit

Das 90 Meter lange Gebäude, das die Formensprache des Bauhauses und der neuen Sachlichkeit vermittelt, wurde von dem renommierten Architekten und Design-Pionier Peter Behrens (1868–1940) entwickelt und diente lange als Hauptlagerhaus des Montankonzerns Gutehoffnungshütte (GHH), der in Oberhausen Hütten- und Stahlwerke betrieb. Anfang der 1990er-Jahre übernahm der Landschaftsverband Rheinland (LVR) das imposante Gebäude und errichtete dort das zentrale Depot für über

Im Peter-Behrens-Bau sind 100 000 Exponate aller Industriemuseen untergebracht. Auch Ausstellungen finden dort statt.

100 000 Exponate der Zinkfabrik Altenberg und anderer Standorte der LVR-Industriemuseen. Eine Dauerausstellung informiert über Peter Behrens und sein Werk, die das Design in Deutschland nachhaltig geprägt haben. Mit verschiedenen Sonderausstellungen wird versucht, den Peter-Behrens-Bau verstärkt in den Mittelpunkt des Interesses zu rücken und den Phantomschmerz über die zeitweilige Schließung der Zinkfabrik zu lindern.

Peter-Behrens-Bau
Essener Straße 30
46047 Oberhausen
www.industriemuseum.lvr.de
Di–Fr 10–17 Uhr, Sa–So 11–18 Uhr

Gastro-Tipp:

Nur ein paar Gehminuten von Gasometer und Peter-Behrens-Bau entfernt liegt das CentrO, Europas größtes Einkaufs- und Freizeitzentrum, das jährlich von 23 Millionen Besuchern angesteuert wird. Auf der Gourmetmeile entlang eines künstlichen Wasserlaufs befinden sich Dutzende Restaurants mit einem umfassenden Angebot von Schnitzeln bis zur Südstaaten-Küche.

www.centro.de

Feine Küche zelebriert dagegen der weit über Oberhausen hinaus bekannte Meisterkoch Jörg Hackbarth in „Hackbarths Restaurant“, das ebenfalls in akzeptabler Reichweite liegt.

Hackbarth's Restaurant
Im Lipperfeld 44
46047 Oberhausen
T. 02028 22188
www.hackbarths.de
Di–Fr 12–14.30 Uhr 18–21.30 Uhr
Mo u. Sa 18–21.30 Uhr (Küchenzeiten)

Die Wiege der Ruhrindustrie:

St. Antony-Hütte

Bewegte Zeiten herrschten im Wohn- und Kontorhaus der St. Antony-Hütte. Konflikte wurden per Pistole geregelt.

Wer heute auf das malerische Fachwerkhaus mit angrenzendem Teich schaut, kommt wohl kaum auf den Gedanken, dass sich hier die St. Antony-Hütte befindet, die wiederum als Keimzelle der berühmten Gutehoffnungshütte (GHH) gilt – zu idyllisch wirkt das gesamte Ensemble. Die GHH wiederum entwickelte sich später zu einem der größten, internationalen Konzerne mit den Schwerpunkten Bergbau und Schiffsbau, Brücken- und Maschinenbau und gehört heute zum MAN-Konzern.

Doch zurück in den Oberhausener Norden, ins historische Wohn- und Kontorhaus an der Antoniestraße: Auf dem Gelände gegenüber ging am 18. Oktober 1758 erstmals ein kleiner Hochofen in Betrieb, mit dessen Hilfe aus Raseneisenerz erstmals Eisen gewonnen wurde. Seither gilt dieses Datum als Beginn der Industriali-

sierung des Ruhrgebiets. Und Oberhausen nennt sich stolz „Wiege der Ruhrindustrie".
Es war tatsächlich die Geburt der Montanindustrie, denn die Verhüttung und die Weiterverarbeitung zu gusseisernen Rohren, Töpfen, Pfannen und sogar Kanonenkugeln hatte es bis dato noch nicht in dieser Form gegeben. Andere Pioniere gründeten in der Nähe ebenfalls Eisenhütten. St. Antony tat sich mit ihnen zusammen. So entstand die „Hüttengewerkschaft und Handlung Jacobi, Haniel und Huyssen". Mit der Erfindung der Dampfmaschine und der Eisenbahn setzte die Industrialisierung mit Macht ein. 1873 wurde das Unternehmen in Gutehoffnungshütte umbenannt. Innerhalb von 30 Jahren wuchs die Belegschaft von 200 auf über 5000 Arbeiter – ein Riese im Revier.
Dass schon damals mit sehr harten Bandagen gekämpft wurde, zeigt die Dauerausstellung im Wohn- und Kontorhaus, in der die Gründungs- und Betriebsgeschichte der St. Antony-Hütte anschaulich dargestellt wird. Zeitweise ging es dabei sehr turbulent zu. Zum Beispiel, als die zerstrittenen Erben des Gründers Franz Ferdinand von Wenge die Hütte unabhängig voneinander an zwei Interessenten gleichzeitig verkauft hatten. Angeblich fielen bei dem großen Showdown 1793 sogar Schüsse.

Abbaurechte

Einen gesunden Erwerbssinn legte der Münsteraner Domherr Franz Ferdinand von Wenge an den Tag, als er sich 1750 die Abbaurechte für das im heutigen Oberhausener Stadtteil Osterfeld gefundene Raseneisenerz sicherte. Es konnte mit dem Spaten nach oben geholt werden – ein Riesenvorteil. 1753 erteilte ihm der Erzbischof von Köln die Erlaubnis zum Bau einer Eisenhütte am Elpenbach. Der Einspruch der Nonnen des nahen Zisterzienserklosters, die um ihre Forellenzucht bangten, wurde von der Hofkammer abgewiesen. Ihre Argumente seien „auf dem weiblichen Geschlecht und bekanntlich den Klosterfrauen durchgehend angestammten Eigensinn" zurückzuführen, hieß es zur Begründung.

Ein Stahldach schützt die Fundamente der alten Gießhalle von St. Antony, der ersten Eisenhütte des Ruhrgebiets.

Vom ersten Hochofen ist heute nichts mehr zu sehen, doch die Fundamente der alten Gießhalle wurden freigelegt und mit einem schützenden Stahldach überspannt. So ist es möglich, auf Stegen trockenen Fußes durch die Grabungen zu gehen. Durch die nun problemlos zugänglichen Grabungen und die eindrucksvolle Ausstellung im Kontorhaus stieg die Besucherzahl in St. Antony deutlich an. Kein Wunder, dass sie heute zu den Ankerpunkten der Industriekultur gehört.

Kontorhaus

In einem Kontorhaus wurden in den vergangenen Jahrhunderten ausschließlich Büroarbeiten wie Buchhaltung oder Korrespondenz erledigt. Oft arbeiteten die Angestellten, die einen höheren Rang als Arbeiter besaßen, an Stehpulten. Auch in der heutigen Zeit werden Büro- und Dienstleistungsgebäude als Kontorhaus bezeichnet. Klingt irgendwie gediegen.

 **Gastro-Tipp:**

Der Rundgang durch die Relikte der Wiege der Ruhrindustrie macht hungrig und durstig. Für rasche Erlösung sorgt das nahe gelegene Restaurant „Zur Antony Hütte" mit seinem traditionsreichen und gemütlichen Ambiente und handfester Kost zu fairen Preisen.

Zur Antony-Hütte
Hasenstraße 20
46119 Oberhausen
T. 0208 6349552
Di–Sa 16–0 Uhr
So 11–0 Uhr

LVR-Industriemuseum
St .Antony-Hütte
Antoniestraße 32–34
46119 Oberhausen
T. 02234 9921555
Di–Fr 10–17 Uhr Sa–So 11–18 Uhr
www.industriemuseum.lvr.de

Gestochen scharfer Blick aus dem alten Wasserturm:

Camera obscura

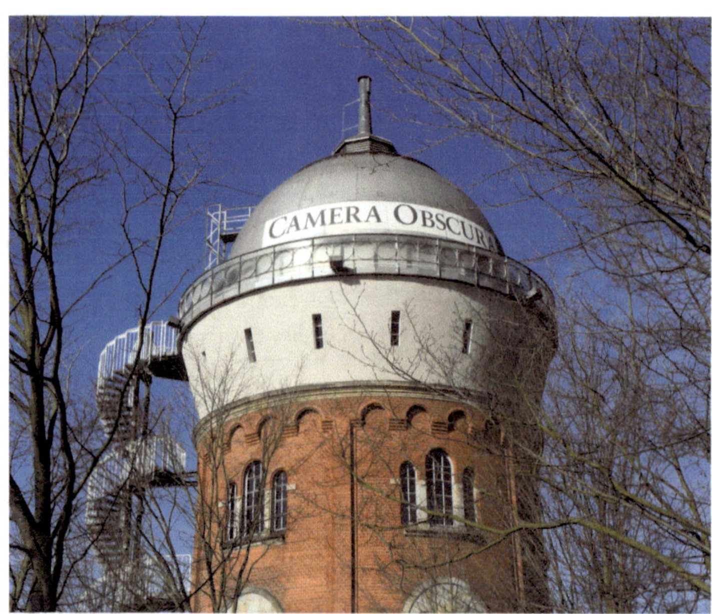

Im ehemaligen Broicher Wasserturm ermöglicht heute die größte Camera obscura der Welt einen scharfen Blick auf die Mülheimer Innenstadt.

Es geschehen noch Zeichen und Wunder. Eines davon fand in Mülheim an der Ruhr statt: die Umwandlung einer öden Industriebrache in eine Parklandschaft mit hohem Freizeitwert. Katalysator dafür war die Mülheimer Landesgartenschau 1992, kurz MüGa genannt. Sie war keine piefige Blümchenschau, sondern leistete einen historischen Beitrag zur Stadtentwicklung. Mit Uferstegen und Brücken wurde das Gelände links und rechts der Ruhr, die im Ruhrgebiet nur in Mülheim mitten durch die Innenstadt fließt, für Fußgänger und Radfahrer erschlossen und verwandelte sich in eine durchgehende Parklandschaft mit ho-

hem Freizeitwert. Eine Entwicklung, von der auch die Industriedenkmäler profitierten, deren Bedeutung aber erst später erkannt wurde.
Zwei prägnante Beispiele dafür liegen am Rande der Innenstadt auf der linken Seite des Flusses, nur wenige Gehminuten von Schloss Broich und dem Ufer in Mülheims Garten an der Ruhr entfernt. Bis in die 1980er-Jahre befand sich dort ein wildes Quartier, besetzt von Schrottplätzen und allerlei Krautern, die ihre Geschäfte machten. Mittendrin zwei Gebäude, die sich später als Perlen der Industriekultur erweisen sollten: Der Broicher Wasserturm und der Ringlokschuppen. Beide gehörten zum 1874 gegründeten Reichsbahnausbesserungswerk Mülheim-Speldorf, in dem bis 1959 alle Gruben- und Eisenbahnen des Ruhrgebiets gewartet wurden. Weithin sichtbar ist der 38 Meter hohe Wasserturm. Er wurde 1904 errichtct, um dic zum Ringlokschuppen fahrenden Loks – sie wurden dort in eine andere Richtung gedreht – mit Wasser zu versorgen. Lange bröckelte das Backstein-Bauwerk vor sich hin, bevor es mit Hilfe der MüGa-Mittel restauriert wurde. Im ehemaligen Wasserspeicher in der Kuppel wurde die größte begehbare Camera obscura (Lochkamera) der Welt installiert. Dank einer speziellen Spiegeloptik von Zeiss lässt sich auf einem Projektionstisch das 360-Grad-Panorama der Stadt betrachten. Menschen, Autos, sogar Vogelschwärme erscheinen gestochen scharf.

Camera obscura

Das Prinzip der Camera obscura beschrieb schon Aristoteles vor 2300 Jahren. Man braucht dafür einen dunklen Raum und ein Loch. Die Firma Carl Zeiss Jena installierte rund um das Loch in der Kuppel des alten Wasserspeichers Hochleistungsspiegel, die ursprünglich für ein russisches Weltraumteleskop vorgesehen waren. Die Blicke werden auf den Projektionstisch in der Mitte des dunklen Raumes übertragen. Mit überraschenden Effekten.

In den unteren Bereichen des Wasserturms erwartet den Besucher eine lückenlose Dokumentation zur Vorgeschichte des Films, die auf der „Sammlung S" des Wuppertalers Karl-Heinz W. Steckelings basiert. Diese spannende Reise durch die Welt der bewegten Bilder und optischen Täuschungen, inklusive Daumenkino und Laternae Magicae, ist eines von den Dingen, die jeder Filmfan in seinem Leben einmal gemacht haben muss.

Gastro-Tipp:

Maximal 15 bis 20 Minuten benötigt der Spaziergänger, um von der Camera obscura über die Schlossbrücke an den Fuß des Mülheimer Kirchenhügels in der Altstadt zu kommen. Direkt hinter dem Torbogen liegt die „Mausefalle", ein 1655 erbautes Fachwerkhaus. Auf der Karte stehen saisonale und regionale Gerichte. Kräuter und Gemüse kommen zum Teil aus dem eigenen Garten.

Restaurant Mausefalle
Bogenstraße 8
45468 Mülheim an der Ruhr
T. 0208 3059860
www.mausefallemuelheim.de
Mo–Sa ab 17 Uhr

Nachbauten laden zum Ausprobieren ein und machen auf verblüffende Weise deutlich, wie die Bilder laufen lernten.

Camera obscura
Am Schloss Broich 42
45479 Mülheim an der Ruhr
www.camera-obscura-muehlheim.de
Mi–So 10–17 Uhr

Schloss Broich, 883/884 als Sperrburg errichtet, gilt als älteste karolingische Festung nördlich der Alpen. Später wurde sie zum Schloss ausgebaut.

Schloss Broich

Während früher im Ringlokschuppen die eisernen Ungetüme gedreht wurden, um auf das richtige Gleis zu kommen, das in den Wartungsschuppen führte, dreht sich heute alles um Kunst und Kultur. Knapp zehn Gehminuten vom Flussufer entfernt ist ein Hotspot für zeitgenössisches Theater, Konzerte und Ausstellungen entstanden, der aus dem Veranstaltungskalender des Ruhrgebiets nicht mehr wegzudenken ist.

Am Schloss Broich 38
45479 Mülheim an der Ruhr
T. 0208 993160
Gastronomie Do und Sa 14–23 Uhr, So 14–19 Uhr
www.ringlokschuppen.de

Wissenswertes über das kühle Nass:

Aquarius Wassermuseum

Das Aquarius Wassermuseum residiert im über 100 Jahre alten Wasserturm des ehemaligen Thyssen-Werks in der Nähe.

Schloss Styrum

Direkt neben dem Wasserturm liegt das aus dem Mittelalter stammende Schloss Styrum. Es wurde 1890 von August Thyssen gekauft und ging 1959 in Form einer Stiftung von der Thyssen-Familie auf die Stadt Mülheim an der Ruhr über. Schloss, Wasserturm und der umgebende Barockgarten sind ein lohnendes Ziel, das zudem nicht überlaufen ist. Ganz in der Nähe fließt die Ruhr vorbei.

Jede Stadt im Ruhrgebiet hat ihr Wohlstandsgefälle. Besserverdiener wohnen bevorzugt in den südlichen Ortsteilen. In Essen, Dortmund, Bochum und auch in Mülheim ist dies zweifellos der Fall. Dass im Norden der Ruhrstadt eine Perle der Industriekultur zu findet ist, überrascht indes niemanden, denn dort wurde über viele Jahrzehnte Stahl verarbeitet – zum Beispiel bei den damaligen Mannesmann-Röhrenwerken. Deren nahtlose Röhren revolutionierten weltweit den Bau von Pipelines und gehören heute zum Vallourec-Konzern. Damals wie heute brauchen Stahlwerke viel Wasser. Um die Versorgung seines nahegelegenen Walz- und Röhrenwerks zu sichern, ließ der Großindustrielle August Thyssen (1842-1926) in den Jahren 1892 und 1893 einen 50 Meter hohen Wasserturm errichten, der bis zu 500 000 Liter speichern konnte. Auch die Bewohner des Stadtteils Styrum (y wird wie

„ie“ gesprochen) profitierten davon: Ihr Wasser kam ausreichend und mit dem notwendigen Druck aus der Leitung.
Ab 1982 wurde der Wasserturm nicht mehr benötigt und später im Zuge der Mülheimer Landesgartenschau 1992 zu einem der ungewöhnlichsten Museen im Lande umgebaut. Angelehnt an das Sternzeichen Aquarius (Wassermann) erhielt es den Namen Aquarius Wassermuseum.
Auf 14 verschiedenen Ebenen und an 30 Medienstationen lernt der Besucher viele Aspekte der Wasserversorgung kennen – von der Gewinnung in der Tiefe bis zum Dreh am Wasserkran. Es geht um Talsperren, Kanäle, Pumpwerke und natürlich auch um die Gefahren, denen das Grundwasser ausgesetzt ist. Vorher sollte aber der herrliche Rundblick vom Wasserkopf des Turmes aus genossen werden. Am Ende jeder Tour erwartet den Gast ein gekühltes Glas Trinkwasser, das als sicherstes Lebensmittel überhaupt gilt.

Aquarius Wassermuseum
Burgstraße 70
45476 Mülheim an der Ruhr
T. 0208 4433390
www.aquarius-wassermuseum.de
Di–So 10–18 Uhr

Nahtlose Rohre
Die Gebrüder Mannesmann erhielten 1885 das erste Patent zur Herstellung nahtloser Rohre. Dabei wird ein glühendes Ausgangsstück durch ein ringförmiges Werkzeug gepresst und nach einem speziellen Verfahren auf die gewünschten Abmessungen gewalzt.

Gastro-Tipp:
Im direkten Umfeld bietet sich kein Restaurant an. Nur wenige Kilometer entfernt, es geht über die Raffelbergbrücke, liegt auf der anderen Ruhrseite der Raffelberger Hof, der für eine bodenständige, aber hochwertige deutsche Küche zu fairen Preisen bekannt ist. Bitte die Öffnungszeiten beachten.

Raffelberger Hof
Akazienallee 19
45478 Mülheim an der Ruhr
T. 0208 53787
www.raffelberger-hof.de
Mo–Sa 17–22 Uhr

Spinnen wie vor 200 Jahren – Maschinen statt Menschen:

Textilfabrik Cromford

Die erste voll-mechanische Spinnmaschine auf dem europäischen Kontinent wurde mit Wasserkraft angetrieben. Die komplizierte Konstruktion aus Holz und Zahnrädern stammt aus England.

Die 92 000-Einwohnerstadt Ratingen verkörpert zwar nicht das klassische Ruhrgebiet, aber sie grenzt im Norden an die Revierstädte Essen, Mülheim an der Ruhr und Duisburg. Relikte der Montanindustrie sind dort nicht zu finden, dafür aber die erste Fabrik außerhalb Englands auf dem Kontinent: die Textilfabrik Cromford, in der mit Hilfe von Wasserkraft angetriebenen, hochkomplizierten Maschinen Baumwolle zu Garn verarbeitet wurde. „Waterframes" hießen diese vollmechanischen Baumwollspinnmaschinen, die später auf der Insel für soziale Unruhen sorgen sollten, weil sie viele Spinnereiarbeiter arbeitslos machten.

Am Anfang stand ein schändlicher Akt von Industriespionage, für die der Wuppertaler Kaufmann Johann Gottfried Brügelmann verantwortlich zeichnete. Er hatte es auf die Konstruktionspläne der von Richard Arkwright erfundenen „Waterframes" abgesehen, mit

Heute können die Besucher verfolgen, wie Baumwolle zu Garn gesponnen wird. Der Einsatz der Maschine machte viele Arbeitsplätze überflüssig. Soziale Unruhen waren die Folge.

der in einer Textilfabrik im englischen Cromford erstmals Baumwolle industriell zu Garn gesponnen wurde. Bis dato war Garn ein knappes Gut. Die rasant wachsende Bevölkerung hungerte förmlich nach Kleidung, für die es zu wenig Stoffe gab, weil die Spinnereien den Bedarf an Garn nicht decken konnten. Zehn Spinner waren damals erforderlich, um einen Weber ausreichend mit Material zu versorgen. Mit Hilfe der „Waterframes" brauchten die Fabrikbesitzer nur noch ungelernte Kräfte, die volle Spindeln durch leere ersetzten und abgerissene Fäden zusammenfügten. Kein Wunder, dass die Konstruktion sofort patentiert und gehütet wurde wie die Kronjuwelen. Wer sie verriet, riskierte die Todesstrafe. Ob sich Brügelmann selbst in die Fabrik einschlich und die Maschine kopierte oder über einen Mittelsmann an die Pläne kam, wissen die Historiker nicht genau. Jedenfalls ver-

Im großen Saal des Herrenhauses haben schon viele Ratinger Paare den Bund fürs Leben geschlossen. Ein harter Kontrast zum harten Alltag in der Textilfabrik Cromford gleich nebenan.

Gastro-Tipp:

Knapp einen Kilometer von der Textilfabrik Cromford liegt der Bergische Hof, der ambitionierte Küche zu fairen Preisen anbietet.

Bergischer Hof
Hochstraße 1
40878 Ratingen
T. 02102 846636
www.bergischer-hof-ratingen.de
Mi–Mo 11.30–15 Uhr, 17.30–23 Uhr
Sa ab 17.30 Uhr

diente er mit seinen Erkenntnissen viel Geld. Bald stand neben der 1783/84 errichteten Fabrik in Ratingen ein repräsentatives, spätbarockes Herrenhaus, das einem Schloss glich. Dort wird anschaulich gezeigt, wie die Familie Brügelmann damals lebte. Für viele Ratinger hat der wunderschöne Gartensaal eine beson-

dere Bedeutung: In der dortigen Außenstelle des Standesamts wurden sie getraut.
Für den Besucher interessanter sind die von einem Fachmann in jahrelanger Arbeit nachgebauten englischen Spinnmaschinen. Sie funktionieren heute genauso wie damals. Mühsam und knarrend setzt sich das große Wasserrad in Bewegung und treibt die verwirrende Konstruktion aus Holz und Zahnrädern an, mit deren Hilfe Baumwolle zu Garn gesponnen wird. Laut, staubig und eng ging es in der Textilfabrik zu. Die Arbeitsbedingungen waren katastrophal. Vor allem die vielen Kinder, die hier arbeiteten, litten darunter.
Einen starken Kontrast liefern die Exponate, die zeigen, was aus dem Cromford-Garn produziert wurde. Entbehrung und harte Arbeit auf der einen Seite, Luxus und Schönheit auf der anderen. Ein spannendes Industriedenkmal am Rand des Ruhrgebiets.

Fast wie ein Schloss mutet das spätbarocke Herrenhaus an.

LVR-Industriemuseum Textilfabrik Cromford
Cromforder Allee 24
40878 Ratingen
T. 02234 9921555
www.lvr-industriemuseum.de

Aufstand der schlesischen Weber

Die Mechanisierung im Zuge der industriellen Revolution hatte dramatische Folgen. Viele Fabrikbesitzer ersetzten qualifizierte Arbeiter durch ungelernte, billige Kräfte. Die Arbeiter wehrten sich gegen Jobverlust und schlechte Lohn- und Arbeitsbedingungen, in dem sie Maschinen und neu errichtete Fabriken zerstörten. Schwerpunkt des so genannten Maschinensturms war England. Aber auch in Deutschland wurde auf ähnliche Weise protestiert. Bekanntester Fall ist der Aufstand der schlesischen Weber von 1844.

Gründerzeitvilla im klassizistischen Stil auf den Ruhrhöhen: Die von Alfred Krupp erbaute Villa Hügel spiegelt die Macht und Pracht der Ruhrbarone wider. Das zeigt sich auch in den großen Sälen mit ihren kunstvollen Holzverkleidungen und unermesslich wertvollen flämischen Wandteppichen.

Die ganze Pracht der Ruhrbarone:

Villa Hügel

Wer zuvor nie von der Villa Hügel gehört hat, kommt nach einem Besuch vermutlich aus dem Staunen nicht heraus. Denn der „Hügel" gilt als einer der exklusivsten Standorte weit oben auf den Ruhrhöhen – mit Blick auf den Baldeneysee, der zur Bauzeit der Villa 1870 bis 1873 allerdings noch nicht aufgestaut war. Die Villa ist ein im klassizistischen Stil errichteter Prachtbau mit 269 Räumen. Sie gilt bis heute als das eindrucksvollste Monument der Industriegeschichte Deutschlands. Keine andere Residenz spiegelt die Pracht und Macht der Ruhrbarone eindrucksvoller wider. Um das Understatement fortzusetzen: Im Grundbuch der Stadt Essen ist das Anwesen Hügel 1 tatsächlich als Einfamilienhaus eingetragen.
Wer dorthin will, muss zunächst eines der beiden historischen Pförtnerhäuser passieren, aus denen heraus der Zugang zum einstigen Anwesen der Krupp-Dynastie überwacht

Alfried Krupp von Bohlen und Halbach, Porträtaufnahme von 1957

Krupp-Stiftung
1967 starb mit Alfried Krupp von Bohlen und Halbach der letzte Patriarch der berühmten Ruhrgebiets-Familie. Der Erbverzicht seines einzigen Sohnes Arndt von Bohlen und Halbach ermöglichte 1968 die Gründung der Krupp-Stiftung, die zahlreiche Projekte im In- und Ausland fördert und größter Einzeleigentümer eines Aktienpakets der Thyssen-Krupp AG ist. Bis zu seinem Tod 2013 leitete der von Alfried Krupp eingesetzte Generalbevollmächtigte Berthold Beitz die Geschicke der Stiftung.

wird. Die kurvenreiche Anfahrt führt durch einen wunderschönen, 28 Hektar großen Park, der eine besondere Geschichte hat. Denn Konzerngründer und Bauherr Alfred Krupp (1812-1887) konnte nicht abwarten, bis die jungen Bäume herangewachsen waren, sondern wollte den „Wald von Bäumen" schon zu Lebzeiten genießen. Mit der Folge, dass eine ganze Ulmenallee und zahlreiche 100-jährige Bäume aus den Nachbarstädten kurzerhand in den Hügelpark verpflanzt wurden. Mit Geld und Macht ließ sich damals vieles bewegen.
Ebenso akribisch plante Alfred Krupp sein Domizil, allerdings sehr zum Leidwesen seiner Architekten, die andere Vorstellungen hatten. An der komplexen Haustechnik wäre er fast gescheitert. Erst Jahre später funktionierte die Heizungs- und Belüftungsanlage. Angeblich wurde es im Winter dort nie wärmer als 16 Grad. Die späteren Generationen gestalteten die zunächst schlicht eingerichteten Räume dann prachtvoll und standesgemäß. So schufen Friedrich-Alfred

(1854-1902) und Margarethe Krupp (1854-1931) die Grundlagen für eine einzigartige Kollektion flämischer Wandteppiche von 1500 bis 1760. Bis 1945 lebten die Krupps in der Villa, die gleichzeitig als Ort für repräsentative Firmenereignisse diente.

Noch heute spiegeln die großen Säle mit ihren kunstvollen Verkleidungen aus dunklem Holz, die unermesslich wertvollen Wandteppiche und die zahlreichen Gemälde den Glanz vergangener Zeiten. Als Ausstellungsort zur Kunst- und Kulturgeschichte ist die Villa Hügel aus dem Kulturkalender nicht mehr wegzudenken. Heiß begehrt sind die Karten für die Konzertreihen des Folkwang-Kammerorchesters Essen, das regelmäßig in der Villa Hügel gastiert. Im „Kleinen Haus" wie das großbürgerliche Gästehaus genannt wird, bildet eine interessante Dauerausstellung die Familiengeschichte und die Entwicklung des Konzerns ab.

Kulturstiftung Ruhr Essen
Villa Hügel
Hügel 1
45133 Essen
T. 0201 616290
www.villahuegel.de

 **Gastro-Tipp:**

Nach dem edlen Ambiente der Villa Hügel bietet die Ampütte das ideale Kontrastprogramm. Essens ältestes und bekanntestes Lokal ist so etwas wie ein Hofbräuhaus auf Ruhrpott-Art, also mit Pils, Currywurst und vielen anderen handfesten Spezialitäten.

Die Ampütte
Rüttenscheider Straße 42
45128 Essen
T. 0201 775572
www.ampuette-essen.de
Mo–Di 17–1 Uhr, Mi–Do 17–2 Uhr, Fr–Sa 18–4 Uhr

Feine, innovative Küche im alten Fachwerkhaus bietet dagegen das Jagdhaus Schellenberg, das zudem mit einem tollen Blick auf den Baldeneysee punkten kann. Der Besuch lässt sich gut mit einem Waldspaziergang verbinden.

Jagdhaus Schellenberg
Heisinger Straße 170a
45134 Essen
T. 0201 437870
www.jagdhaus-schellenberg.de
Di–Sa 12–15 und 18–1 Uhr, So 12–1 Uhr

Kathedrale der Industriekultur und lebendiges Kreativ- und Freizeitzentrum:

UNESCO-Welterbe Zollverein

Wer den Mythos Ruhrgebiet spüren und seine Geschichte erfahren, den Dreiklang von Mensch, harter Arbeit und dem Moloch Industrie begreifen will, für den führt kein Weg an der Zeche Zollverein im Essener Norden vorbei. Gut 1,5 Millionen Menschen gehen in jedem Jahr dorthin, um die außergewöhnliche Industriekultur zu erleben. Dabei machen es die Zeche Zollverein und die gleichnamige Kokerei, die 2001 von der UNESCO zum Weltkulturerbe geadelt wurden, dem Besucher nicht leicht. Einiges erschließt sich nicht auf Anhieb.

Welterbe

Die Bezeichnung Welterbe wird von der UNESCO an Denkmäler, Ensembles und Stätten sowie Naturgebilde, geologische und physiographische Erscheinungsformen und Naturstätten von außergewöhnlichem universellen Wert verliehen. Als erstes deutsches Bauwerk wurde 1978 der Aachener Dom zum Welterbe ernannt.

Auf einer Million Quadratmetern kommt vieles zusammen, was scheinbar nicht zusammengehört: Auf der einen Seite ein alter Industriestandort mit wuchtigen Aggregaten und rostigen Leitungen, die daran erinnern, dass bis 1986 täglich bis zu 12 000 Tonnen Steinkohle gefördert wurden. Staub und Mühen der Bergbau-Ära lassen sich noch fühlen und riechen. Zum anderen hat sich Zollverein mit seinen alten Hallen und mehreren Neubauten zu einem lebendigen Kulturstandort entwickelt – mit zwei Museen, die auf ihre Art einzigartig in der Welt sind, aber auch zahlreichen spektakulären Locations für Veranstaltungen. Viele Kreative haben sich niedergelassen, aber auch Unternehmensberater, innovative Firmen, Gastronomen, ein Designhotel, RAG-Stiftung und -Konzern. Im neuen Gebäude des Fachbereichs Design der Folkwang Universität der Künste lernen seit Herbst 2017 über 500 Studierende alles über die Kunst der guten und zugleich funktionalen Form.

Weltberühmtes Wahrzeichen von Zollverein: Das Doppelbock-Fördergerüst mit vier Seilscheiben über dem zentralen Schacht XII. Bis 1986 war die einst modernste Zeche Europas in Betrieb.

Dass Zollverein gern und oft als „schönste Zeche der Welt" bezeichnet wird, beruht auf der Meisterschaft der beiden Industriearchitekten Fritz Schupp und Martin Kremmer, denen es in den 1920er- und 1930er-Jahren gelang, die enormen technischen Anforderungen mit einem hohen ästhetischen Anspruch zu verbinden. Die sachlich reduzierte Formensprache, angelehnt an den Bauhaus-Stil und die in strenger Symmetrie und Geometrie angeordneten Gebäudekuben faszinieren noch heute die Architekturwelt. Es erwies sich als Glücksfall, dass der zentrale Schacht XII schon kurz vor der Stilllegung am 23. Dezember 1986 unter Denkmalschutz gestellt wurde. Knapp sieben Jahre später, am 30. Juni 1993, wurde auch die angeschlossene Kokerei stillgelegt. Einst galt sie als größte und modernste ihrer Art in der Welt.

Welterbe Zollverein
Ruhr Museum / Besucherzentrum
Schacht XII, Kohlenwäsche
Gelsenkirchener Straße 161
45309 Essen
T. 0201 24681-0
www.zollverein.de

Warum Zollverein?

Gegründet wurde Zollverein von dem Duisburger Industriepionier Franz Haniel (1779-1868), der anno 1847 gleich 14 zusammenhängende Grubenfelder kaufte und den ersten Schacht abteufte. Benannt wurde die Zeche nach der 1834 gegründeten Freihandelszone aus 15 deutschen Staaten. Als Glücksgriff erwies sich die Zusammenlegung von Förderung und Aufbereitung in der bereits erwähnten Schachtanlage XII im Jahr 1932, wodurch die Kapazität auf das Vierfache einer Durchschnittszeche anstieg. Bis dahin waren es bis zu elf Schächte in den verschiedenen Stadtteilen des Essener Nordens, aus denen das Grubengold nach oben gebracht wurde.

A14
ARBEIT & ALLTAG
INDUSTRIEKULTUR
IM RUHR MUSEUM
AUF ZOLLVEREIN
IN ESSEN

Orangerot wie flüssiges Eisen und 58 Meter lang ist die größte freistehende Rolltreppe Deutschlands. Sie führt direkt ins Besucherzentrum des Ruhr Museums, das in die ehemalige Kohlenwäsche integriert wurde, dem größten Gebäude auf Zollverein.

Natur und Geschichte des Reviers präsentiert das Ruhr Museum auf drei Ebenen.

Ruhr Museum, das Gedächtnis des Reviers

Der Weg dorthin führt den Gast zwangsläufig über die mit 58 Metern längste freistehende Rolltreppe Deutschlands. Sie ist orangerot – so wie flüssiges Eisen – und führt direkt ins Besucherzentrum auf der 24-Meter-Ebene der ehemaligen Kohlenwäsche, die mit 90 Metern Länge, 30 Metern Breite und 40 Metern Höhe das größte Gebäude auf Zollverein ist, ein wahrer Klotz. Von dort geht es in die verschiedenen Bereiche des Ruhr Museums, das mit über 6000 Exponaten auf drei spektakulären Ebenen Natur und die Entwicklung des Reviers abbildet – von der prähistorischen Zeit inklusive Mammut-Skelett über die dramatische Geschichte der Industrialisierung bis hin zu Gegenwart und Zukunft. Ergänzt wird das Angebot durch Sonderausstellungen und ein umfassendes Führungs- und Begleitprogramm. Gute Dienste leistet der im Besucherzentrum erhältliche kostenlose Lageplan, mit dessen Hilfe sich das Gelände leicht erschließen lässt.

www.ruhrmuseum.de

tgl. 10–18 Uhr

Denkmalpfad Zollverein

Förderbänder, Kohlenwäsche, wuchtige Maschinen – in den authentisch erhaltenen Kernbereichen von Zollverein kommt sich der Besucher vor wie in der Zeit vor der Stilllegung 1986. Von der Förderung bis zur Verkokung lässt sich die Produktionskette von damals bei einer Führung komplett nachvollziehen. Manchmal übernehmen Kumpel aus jener Zeit die Erläuterungen. Spannend.

www.zollverein.de

Das red dot design museum gilt als weltgrößte Ausstellung zeitgenössischen Designs.

PACT Zollverein in der ehemaligen Waschkaue ist spektakulärer Veranstaltungsort für Tanz, Theater und Performance.

red dot design museum

Es gilt als Ruhmeshalle der schönen Form und ist mit mehr als 2000 red-dot-prämierten Exponaten die weltgrößte Ausstellung zeitgenössischen Designs. Ob bei Schmuck oder Haushaltsgeräten, Möbeln oder Autos lässt sich verfolgen, wie das Design fast aller Dinge des täglichen Lebens im Laufe der Jahrzehnte kontinuierlich weiterentwickelt wurde. Der britische Star-Architekt Lord Norman Foster baute das ehemalige Kesselhaus von Zollverein Mitte der 1990er-Jahre für den heutigen Zweck um. Ein Muss für alle Design-Interessierten.

T. 0201 3010460

www.red-dot.de/museum

Di–So 11–18 Uhr

PACT Zollverein

Mehr Kontrast geht wohl nicht: Aus der 1907 erbauten Waschkaue, in der sich früher 3000 Kumpel den Kohlenstaub abgewaschen haben, ist 2002 ein ungewöhnlicher Veranstaltungsort für Tanz, Performance und bildende Kunst geworden. Die weißen Kacheln, Spiegel und Seifenschalen samt Kernseife bilden einen reizvollen Gegensatz zur modernen technischen Ausstattung. Künstler und Kompanien aus aller Welt zieht es immer wieder an diesen besonderen Ort. PACT steht für „Performing Arts Choreographisches Zentrum NRW Tanzlandschaft Ruhr“.

PACT Zollverein

Bullmannaue 20

45327 Essen

T. 0201 2894700

www.pact-zollverein.de

Mo 9–16 Uhr, Di–Fr 9–18 Uhr, Sa 9–15 Uhr

Eisbahn, Werksschwimmbad und Sonnenrad

Schon tagsüber ist der Anblick der 304 Öfen der 1993 stillgelegten Kokerei spektakulär. In den besten Zeiten wurden 8600 Tonnen Koks pro Tag erzeugt. Doch wenn die Ofenbatterien bei Dunkelheit in rotes Licht getaucht werden, entfaltet sich eine besondere Magie. Im Dezember, bis in den Januar hinein, werden die davor liegenden Wasserbecken in eine 150 Meter lange und zwölf Meter breite Kunsteisbahn verwandelt. Ein Paradies für Schlittschuhläufer, die sich gern zu flotten Rhythmen bewegen. Auch Eisstockschießen – natürlich im abgetrennten Bereich – ist möglich.
Ziemlich heiß kann es dagegen rund um das Werksschwimmbad werden, das aus zusammengeschweißten Containern besteht. Denn die nahen Rohranlagen und alten Aggregate strahlen zwangsläufig die Sommerhitze ab.

Über 150 Meter lang ist die Eisbahn vor den Koksöfen. Abends wird sie spektakulär beleuchtet.

Aber wo kann man sonst inmitten alter Industriekultur schwimmen und sonnenbaden? Ein exklusives Vergnügen. Das Sonnenrad führt durch die ehemals bis zu 1000 Grad heißen Öfen in die Tiefen der Kokerei und hinauf in luftige Höhen. Dort hat der Besucher einen tollen Ausblick auf das gesamte Zollverein-Gelände. Eine Anmeldung ist erforderlich. Leider ist das Sonnenrad störanfällig.

Weitere Infos unter www.zollverein.de

Das SANAA-Gebäude mit seiner minimalistisch reduzierten Formensprache ist weltbekannt.

SANAA-Gebäude

Kein Industriedenkmal, aber ein Muss für Architekturliebhaber ist der 35 mal 35 Meter große und 34 Meter hohe Kubus des preisgekrönten japanischen Architekturbüros SANAA, das die minimalistische Formensprache der Zollverein-Architekten Fritz Schupp und Martin Kremmer aufgenommen hat. Die 134 Fenster sind nur scheinbar wahllos angeordnet, sondern werden von Funktion, Himmelsrichtung und Lichteinfall bestimmt. Hausherr im SANAA ist seit 2010 die Folkwang Universität der Künste, die das Gebäude für öffentliche Veranstaltungen nutzt.

SANAA-Gebäude
Gelsenkirchener Str. 209
45309 Essen
T. 0201 18503400
www.folkwang-agentur.de

 **Gastro-Tipp:**

Ein ungewöhnlicher Standort für ein Restaurant ist das Casino Zollverein in der ehemaligen Kompressorenhalle der Zeche. Es bietet feine Küche in einem spektakulären Industrieambiente mit Sichtbeton und Rohrleitungen. Einfacher und preiswerter ist das Angebot im überdachten Biergarten mit 200 Plätzen direkt gegenüber.

Casino Zollverein
Gelsenkirchener Straße 181
45309 Essen
T. 0201 830240
www.casino-zollverein.de
Di–So 11.30–0 Uhr, Sa ab 13 Uhr

Eine gute Alternative bietet das Café und Restaurant „Die Kokerei“ im alten Gebäude, das zur Kokerei gehörte, und nur ein paar Meter vom Werksschwimmbad entfernt ist. Handfeste Küche zu fairen Preisen mit Blick auf die alten Öfen und Aggregate, wo vor drei Jahrzehnten noch schwer geschuftet wurde.

Die Kokerei
Kokereiallee 71
45141 Essen
T. 0201 8301298
www.die-kokerei.de
Mo–So 12–17 Uhr, ab 27.3.20 Sommeröffnungszeiten

Großartiger Ort für Kunst und Kultur:

Maschinenhalle Zweckel

Nur die zwei Fördertürme erinnern daran, dass auf der Zeche Zweckel von 1908 bis 1963 Kohle gefördert wurde. Wobei korrekterweise gesagt werden muss, dass Zweckel ab 1929 nur noch der Seilfahrt und der Wetterführung diente, während das Schwarze Gold über die Schachtanlage Scholven in Gelsenkirchen ans Tageslicht befördert wurde. Zweckel gehört

Die Maschinenhalle Zweckel ist mit ihrer streng symmetrischen Backsteinfassade und der vorgelagerten Treppe eine der Ikonen der Industrie-Architektur. Sie ist zudem einer der populärsten Spielorte der Ruhrtriennale.

gleichwohl zur ersten Liga der Standorte der Industriekultur. Und das liegt allein an der weithin bekannten Maschinenhalle, die mit ihrer streng symmetrischen Backsteinfassade, der vorgelagerten Treppe, den abgerundeten, arkadenartigen Fenstern und dem Mezzanin als Musterbeispiel für die wilhelminisch geprägte Architektur jener Zeit gilt.

Mezzanin

Als Mezzanin bezeichnet man ein Zwischengeschoss, das meistens zwischen dem Erdgeschoss und dem ersten Obergeschoss liegt.

Fördergerüst / Förderturm

Ein Fördergerüst oder ein Förderturm ist eine Konstruktion, die über dem Schacht eines Bergwerks errichtet wird. Darin befinden sich die Seilscheiben und die Fördermaschine, mit deren Hilfe der Förderkorb – eine Art Fahrstuhl – auf und ab bewegt wird. Damit werden Kohlewagen und bis zu 60 Bergleute transportiert. Es sind die markantesten Bauwerke eines Bergwerks.

Im Inneren dominiert Jugendstil mit geschwungenen Treppen und Ornamenten, die einen merkwürdigen Kontrast zu den verbliebenen Fördermaschinen bilden. Es ist der Stiftung Industriedenkmalpflege und der Stadt Gladbeck hoch anzurechnen, dass sie die Maschinenhalle Zweckel gegen Ende der 1990er-Jahre vor dem Verfall retteten. Schnell zeigte sich, welch großartiger Veranstaltungsort für Kunst und Kultur entstanden war.

Die Steuerzentrale der Maschinenhalle gehört zum Besuchsprogramm.

Grubenhelden

Die Geschichte des Bergbaus wird im wahrsten Sinne des Wortes weitergetragen. Dafür sorgt das pfiffige Gladbecker Modelabel „Grubenhelden" in Form von Shirts und Hoodies, in die ein Stück eines Original-Grubenhemdes eingearbeitet wird. Auf der Innenseite stehen Strophen des Steigerliedes, und die Kleidungsstücke tragen Namen bekannter Zechen wie Hibernia oder Consol. Die Gründer des gleichnamigen Start-ups, die ihre Produkte im eigenen Store und online verkaufen, haben Erfolg damit.
www.grubenhelden.de

Aus Anlass der ersten Ruhrtriennale 2002 wurde die Maschinenhalle Zweckel nochmals umfassend saniert und gehört seither zu den bevorzugten Spielstätten des Kulturfestivals. Auch bei der alljährlichen „Extraschicht" am letzten Juni-Samstag, bei der an 50 und mehr Standorten der Industriekultur Musik, Tanz, Performances, Literatur und vieles mehr geboten werden, ist die Maschinenhalle ein Höhepunkt.

Die wuchtigen Aggregate und Schwungräder der Maschinenhalle. Auf Zweckel wurde von 1908 bis 1963 Kohle gefördert.

In dieser Nacht fahren Hunderttausende Industrie- und Geschichtsfans mit „Extraschicht"-Bussen durch die Nacht, um möglichst viel von dem Kulturevent mitzubekommen.

Maschinenhalle Zweckel
Frentroper Straße 74
45966 Gladbeck
T. 0231 9911220
www.industriedenkmal-stiftung.de

 **Gastro-Tipp:**

Für viele Gladbecker ein vertrauter Ort, aber auch für hungrige Besucher interessant: Im stilvollen Ambiente der alten Stadtbücherei werden Klassiker der italienischen Küche mit moderner deutscher Kochkunst kombiniert. Im Sommer lockt ein Biergarten ins „Mundart", wie sich das Lokal sehr treffend nennt.

Mundart
Café Bar Restaurant
Bottroper Straße 17
45964 Gladbeck
T. 02043 2096776
www.mundart-gladbeck.de

Herkules demonstriert die neue Stärke:

Zeche Nordstern und Nordsternpark

Der Nordsternpark mit Kanalbrücke, Amphitheater und viel Grün. Nur vier Jahre nach Stilllegung der Zeche Nordstern 1993 entstand im Zuge der Bundesgartenschau 1997 eine attraktive Parklandschaft mit hohem Freizeitwert.

Gelsenkirchen traf es knüppelhart. Kaum eine andere Stadt im Ruhrgebiet war im Zuge der Industrialisierung im 19. und frühen 20. Jahrhundert so schnell gewachsen, stolz und reich geworden. Durch die Bergbaukrise gingen dann 50 000 Arbeitsplätze und ein Drittel der Bevölkerung verloren. Die einstige „Stadt der 1000 Feuer" erhellte nicht mehr den Nachthimmel. Sie erlebte einen brutalen Strukturwandel als gleich in drei Bergwerken – Consolidation, Nordstern und Hugo – jeweils Schicht im Schacht war. Daraus ergaben sich jedoch Chancen, die Gebiete neu zu gestalten und Fehlentwicklungen zu beseitigen. Auf der Zeche Nordstern ist dies besonders gut gelungen.

Als die Zeche 1866 in Betrieb ging, war Kohle bis dahin nur südlich der Emscher gefördert worden, weshalb ihr die Eigentümer den Namen Nordstern gaben. Das Datum gilt zugleich als Beginn der Nordwanderung des Bergbaus. Nach 127 Jahren standen 1993 auf Nordstern die Förderräder still. Doch es gab eine verheißungsvolle Perspektive. Zunächst wurde das Gelände von Altlasten wie Arsen, Blei, Chlorverbindungen und Öl befreit. Danach entstand mit Blick auf die Bundesgartenschau 1997 und mit Hilfe hochwillkommener Fördermittel eine attraktive Parklandschaft, die Zechengeschichte, Freizeitvergnügen und über 1200 neue Arbeitsplätze miteinander verbindet. Historische Gebäude wie Lichthof, Kaue, Lohnhalle und Magazin blieben erhalten und dienen heute als Bürostandorte, unter anderem für den Immobilienriesen VIVAWEST. Ein Besucher-Bergbaustollen erinnert auf 67 Meter Länge an die Mühen der Arbeit vor Kohle.

Vergangenheit und Zukunft, Wandel und neue Stärke soll seit der Kulturhauptstadt 2010 „Herkules“ symbolisieren. Die 18 Meter hohe und 23 Tonnen schwere Monumentstatue des berühmten Künstlers Markus Lüpertz steht auf der Spitze des denkmalgeschützten Nordsternturms, der Anfang der 1950er-Jahre erbaut und später auf 18 Etagen aufgestockt wurde. Von der Besucherterrasse in

Flöz

Ein Flöz ist eine Kohleschicht, die vor mehreren hundert Millionen Jahren entstand. Im Ruhrgebiet „taucht“ die ertragreiche Fettkohle immer mehr nach Norden ab, was eine umfassende Nordwanderung des Bergbaus zur Folge hatte. Die ersten größeren Zechen förderten Anfang des 19. Jahrhunderts im Ruhrtal Kohle. 1840 erreichte man die Hellwegzone, 1865 dann die Emscherzone. Gegen Ende des 19. Jahrhunderts nahmen die ersten Zechen im Raum Recklinghausen die Arbeit auf.

Die Herkules-Statue auf dem Nordsternturm stammt von Markus Lüpertz und wurde zum Wahrzeichen des Parks – sehr zum Unmut mancher Bürger.

 **Gastro-Tipp:**

Auf dem Nordstern-Gelände führt am Heiner's kein Weg vorbei. Gut bewertete, innovative Küche, stylisches Ambiente.

Heiner's
Am Bugapark 1d
45899 Gelsenkirchen
T. 0209 1772-222
www.heiners.info/restaurant-lp
6.30–0 Uhr

83 Metern Höhe gibt es eine tolle Aussicht auf das Ruhrgebiet. Darüber thront, in 100 Metern Höhe, „Herkules", der mit kühnem Blick und großem Kopf über die Stadt wacht. Er ist nicht jedermanns Darling in Gelsenkirchen, doch die meisten Bürger haben die extravagante Verbindung zwischen Kumpel und Kultur akzeptiert. Schließlich ist für jeden etwas dabei.
So kommt der Nachwuchs im „Kinderland", einem Wasser- und Abenteuerspielplatz, auf seine Kosten. Ein Klettergarten,

Die futuristisch anmutende Bogenbrücke über den Rhein-Herne-Kanal erinnert nicht an die Bergbautradition, sondern steht für Offenheit und Innovationskraft der Region.

die 400 Meter lange Graffiti-Wand, auf der sich die Künstler legal verewigen können, und mehrere Beachvolleyballfelder machen den alten Zechenstandort zu einem attraktiven Ausflugsziel. Unbedingt erwähnt werden muss das Amphitheater direkt am Rhein-Herne-Kanal. Mit seinen 6100 Plätzen ist es eine gefragte Location für Konzerte und Aufführungen aller Art.

Nordsternpark

Es gehört zur Ironie des Schicksals, dass Nordstern bei der Eröffnung 1866 den Beginn der Nordwanderung des Bergbaus signalisierte, um dann bei der Stilllegung nach 123 Jahren als die südlichste Zeche des Reviers in die Annalen einzugehen. Den Hunderttausenden Besuchern, die im Jahr den Nordsternpark durchwandern, dürfte dies egal sein. Sie genießen den hohen Freizeitwert des 100 Hektar großen Areals mit seinem Grün, seinen Wegen und Brücken.

Fast schon filigran wirkt das Doppelbock-Fördergerüst der Zeche Consolidation 3/4/9. In den Spitzenzeiten der 1950er-Jahre fuhren hier täglich bis zu 8000 Kumpel ein.

Vom Schwergewicht zum kultur.gebiet CONSOL:

Zeche Consolidation 3/4/9

Das luftige, in Gitterbauweise errichtete Doppelbock-Fördergerüst über Schacht 9 wirkt trotz seiner stattlichen Höhe von 53 Metern filigran und sogar elegant. Es passt nicht wirklich zur Zeche Consolidation 3/4/9, denn die galt als wahres Schwergewicht unter den Bergwerken im Ruhrgebiet. In den Spitzenzeiten der 1950er-Jahre arbeiteten dort über 8000 Menschen. Im Endausbau erreichte Schacht 9 eine Tiefe von 1240 Metern. Keine andere Zeche drang in größere Tiefen vor. Consolidation 3/4/9, die in Gelsenkirchen jeder nur „Consol" nennt, prägte den gesamten Stadtteil Bismarck über mehr als 125 Jahre.

Eine Dauerausstellung in der Maschinenhalle informiert über den harten Alltag unter Tage.

1997 erfolgte die Stilllegung, war „Schicht im Schacht“. Die von der Bergbaukrise gebeutelte Stadt musste einen weiteren Tiefschlag hinnehmen. Doch die ehemaligen Kumpel ließen sich dadurch nicht entmutigen. Sie kämpften dafür, dass Consol nicht ganz verschwinden und die Bergbautradition erhalten bleiben sollte. Ihr Engagement trug mit Sicherheit dazu bei, dass viele Zechengebäude von der Abrissbirne verschont blieben. 1998 ging das Gelände an die Stiftung Industriedenkmalpflege und Geschichtskultur über, die den Doppelbock und zwei Maschinenhäuser – auch mit Hilfe der Stadt Gelsenkirchen, des Landes NRW und der Stiftung Denkmalschutz – restaurierten. Ein sehr belebender Impuls, denn in die historischen Industrieanlagen konnte neues Leben einziehen.

Heute ist aus der industriellen Brachfläche ein Quartier mit vielfältigen Freizeit- und Kulturangeboten geworden, das von den Gelsenkirchenern gern und oft besucht wird. Auf dem weitläufigen Areal kicken kleine und große Fußballer, Beachvolleyballer baggern und pritschen, Skater rollen über Hindernisse. Zudem entstand ein bunter Mix aus Wohnen, Gewerbe und Einkaufsmöglichkeiten.

Die alte Dampfdruck-Fördermaschine wird an jedem ersten Sonntag im Monat noch einmal angeworfen. Ein Erlebnis.

Für Liebhaber der Industriekultur sind die alten Hallen - interessant, die heute kultur.gebiet CONSOL genannt werden. Eine Dauerausstellung im südlichen Maschinenhaus informiert über die Arbeitswelt des Bergbaus und die Geschichte der Zeche. Dort steht auch die liebevoll gepflegte Dampfdruck-Fördermaschine, die an jedem ersten Sonntag im Monat angeworfen wird. Es ist die größte ihrer Art, die jemals von der Gutehoffnungshütte gebaut wurde, dem damals führenden Maschinenbaukonzern.

Eine künstlerische Hommage an den Bergbau erwartet den Besucher in der nördlichen Maschinenhalle. Dort ist die Sammlung von Werner Thiel (1927–2003) ausgestellt. Sie besteht aus Fotos, Zeichnungen und Kunstinstallationen aus Gegenständen des Arbeitsalltags auf der Zeche. Der Künstler hatte eine tiefe Bindung an Consol, wo er viele Jahre als Fördermaschinist gearbeitet hatte.

Zeche Consol 3/4/9
Bismarckstraße 240
45889 Gelsenkirchen
www.gelsenkirchen.de

Fußball unterm Förderturm. Auf dem weitläufigen Areal, das alle nur Consol nennen, gibt es viele Freizeitangebote.

Gastro-Tipp:

Gute italienische Küche und eine gastliche, lockere Atmosphäre findet der Gast im Ristorante „Trulli“ in der Gelsenkirchener Innenstadt. Patron Mauro Cidaria und Sohn Francesco sorgen herzlich und temperamentvoll dafür, dass sich hier jeder wohl fühlt.

Ristorante Trulli
Von-der-Recke-Straße 6
45879 Gelsenkirchen
T. 0209 1550999
www.trulli-ge.de
Mo–Fr 12–14.30 Uhr, Sa–So 12–23 Uhr

Jugendtheater und Kellerbar

Bundesweit einen Namen gemacht hat sich das Kinder- und Jugendtheater Consol mit Stücken, die häufig einen sozialkritischen Inhalt haben. Spielstätte mit speziellem Industrieambiente sind die alte Lüftermaschinenhalle und das Lüftergebäude. Aber auch die Kellerbar mit fünf Metern Raumhöhe, Industrieambiente und einer kleinen Bühne lohnt einen Besuch – besonders, wenn dort Live-Jazz-Konzerte stattfinden.

kultur.gebiet CONSOL
Bismarckstraße 240
45889 Gelsenkirchen
T. 0209 9882282
www.consoltheater.de

Vom Top-Bergwerk zum bunten Wirtschaftsstandort:

Zeche Ewald

Die Zeche Ewald kann gleich mit mehreren Superlativen aufwarten. Sie liegt auf dem Stadtgebiet von Herten, das einmal als größte Bergbaustadt Europas galt, und wird umgeben von den Halden Hoheward und Hoppenbruch, die wiederum Europas größte Haldenlandschaft bilden. Zudem galt sie zeitweise als produktivste

Revier-Panorama: Im Vordergrund der Bergbaustandort Ewald in Herten, dahinter das Kohle-Kraftwerk Scholven in Gelsenkirchen und der Windpark auf der Halde Oberscholven.

Zeche des Ruhrgebiets. Da schon 1997 feststand, dass Ewald im April 2000 stillgelegt werden sollte, war eine kluge und vorausschauende Planung für die Zeit danach möglich. Auf

Kauen

Kauen sind Zechengebäude in Schachtnähe, in denen sich die Kumpel umziehen und nach der Schicht waschen können. Man unterscheidet zwischen Schwarzkauen für die Grubenkleidung und Weißkauen für die Privatkleidung. Dazwischen liegen die Duschräume.

dem 52 Hektar großen Gelände entstand ein hochkarätiger Wirtschaftsstandort mit innovativen Dienstleistungs- und Gewerbebetrieben, Logistik und Industrie. Als Flaggschiff gilt dabei das Wasserstoff-Kompetenzzentrum Herten, das von mehreren Firmen aus dem Feld der Wasserstoff- und Brennstoffzellentechnologie gebildet wird. Die historischen Gebäude der Zeche Ewald, die 128 Jahre lang weitgehend das Leben in Herten bestimmte, blieben erhalten. Weithin sichtbares Wahrzeichen ist das charakteristische Doppelbock-Fördergerüst von Zollverein-Architekt Fritz Schupp über dem Zentralschacht 7, das 1955 errichtet wurde.

Liebhaber der Industriekultur finden dort eine eindrucksvolle Zechenarchitektur aus drei Epochen vor, zum Beispiel den Malakowturm von 1875 oder Schacht 2 samt alter Schachthalle aus dem Jahr 1928. Gegen Ende des 19. Jahrhunderts wurde das Verwaltungsgebäude hochgezogen, das in neoklassizistischer Form gebaute Büro- und Kauengebäude kam in den 1920er-Jahren hinzu. Kein Wunder, dass Ewald mit seiner besonderen Kulisse zu den bevorzugten Spielorten des Kulturfestivals „Extraschicht" gehört, das traditionell am letzten Samstag im Juni Hunderttausende Besucher aus nah und fern in die alten Zechen und Stahlwerke lockt.

Zeche Ewald
Besucherzentrum Hoheward
Werner-Heisenberg-Straße 14
45699 Herten
T. 02366 181160
www.landschaftspark-hoheward.de

Revue Palast Ruhr

Die Zeche Ewald gilt als der bunteste der alten Bergbaustandorte. Dazu trägt vor allem der von Christian Stratmann gegründete RevuePalastRuhr bei, der in der alten Heizzentrale residiert. Den Besucher erwartet im schrägen Ambiente aus rotem Samt, blätterndem Putz und funkelnden Leuchtern eine begeisternde Travestieshow. Bundesweit bekannt ist die Untertagebar ein paar Meter tiefer, aus der häufig der ARD-Sportschau-Club gesendet wird.

RevuePalast Ruhr
Werner-Heisenberg-Straße 2–4
45699 Herten
T. 02325 588999
www.revuepalast-ruhr

Gastro-Tipp:

Der Spaziergang durch die alten Hallen macht hungrig – und der Besucher möchte möglichst rasch etwas auf die Gabel bekommen. Hier bietet sich das Ewald Café mit seiner soliden Hausmannskost, aber auch ausgewählten Süßspeisen und Back-Spezialitäten an.

Ewald Café
Doncaster Platz 2
45699 Herten
T. 02366 502844
www.ewald-cafe.de
Mo–Sa 5.30–19 Uhr, So 8–18 Uhr

Der „Doppelbock“ der Zeche Ewald weist den Weg. Auf dem Zechengelände habe sich viele innovative Firmen und der RevuePalast Ruhr mit einer begeisternden Travestieshow niedergelassen.

Auf der Straße des Bohrhammers:

Flottmann-Hallen

Früher wurden in den Flottmann-Hallen Bohrhämmer für den Bergbau produziert. Sie machten die Arbeit unter Tage leichter. Heute ist hier ein Zentrum für Theater, Musik und bildende Kunst.

Nostalgie erzeugt Wohlgefühl. Steigerlied und Bergmannstracht machen den Ruhrgebietler stolz, selbst wenn er nie unter Tage war. Dabei wird oft vergessen, dass die Kumpel den Knochenjob „aufm Pütt“ (so sagt der Revierbürger) fast immer mit ihrer Gesundheit bezahlten. Und nicht wenige mit ihrem Leben. Bis kurz vor dem Ersten Weltkrieg krochen die meisten Bergleute mit der Hacke in die Flöze. Gerade einmal zwei Prozent der Kohle wurde maschinell abgebaut. 1937 waren es dann schon 97 Prozent. Großen Anteil daran hatten die Druckluft-Abbauhämmer der Herner Firma Flottmann, die zu den wichtigsten Zulieferbetrieben des Bergbaus gehörte.
Für die ehemalige Bergbaustadt Herne war Flottmann so wichtig, dass die Route, die zum Standort führt, offiziell sogar „Straße des Bohrhammers“ genannt wurde. Auf dem verkehrsmäßig günstig gelegenen Platz ließ Firmenchef Otto Heinrich Flottmann 1908 ein neues Werk für den Bau von Stoß- und Gesteinsbohrmaschinen errichten, die mit Dampf und Druckluft betrieben wurden. Zuvor war Flottmann in Bochum ansässig, siedelte dann nach einem Großbrand nach Herne um.

Zwischen spätem Jugendstil und Neuer Sachlichkeit lässt sich der Baustil der fünf parallelen Hallen einordnen, die von den Architekten Schmidtmann & Klemp entworfen wurden. Nach der Verlagerung der Produktion innerhalb Hernes wurde ein Teil des Komplexes abgerissen. Die für Versand, Schlosserei und Schmiede genutzte Halle wurde aber dank Denkmalschutz und Fördergeldern des Landes erhalten. Das historische Ensemble blieb. Ein Glücksfall für die Stadt, wie sich später herausstellen sollte.
Seit 1986 sind die Flottmann-Hallen ein Zentrum für Theater, Musik und bildende Kunst. Den Schwerpunkt der Wechselausstellungen bilden raumspezifische Objekte, die vielfach erst vor Ort und für den Ort entstehen. Vorzugsweise können junge, experimentierfreudige Künstler ihre Werke präsentieren. Kooperationen mit Akademien und Kunsthochschulen sorgen für einen regen Austausch und richten den Fokus auf aktuelle Strömungen.

Flottmann-Hallen
Straße des Bohrhammers 5
44625 Herne
T. 02323 162953
www.flottmann-hallen.de
Di–So 14–18 Uhr

 **Gastro-Tipp:**

Auf der Karte stehen Klassiker wie Schnitzel, Rouladen und Sauerbraten. Im Holsterhauser Hof ist gutbürgerliche Küche im besten Sinne angesagt. Eine Stilrichtung, die offenkundig gut in Herne ankommt. Das Preis-Leistungs-Verhältnis ist gut, entsprechend fallen auch die Bewertungen aus.

Holsterhauser Hof
Gartenstraße 8
44625 Herne
T. 02325 41229
www.holsterhauser-hof.de
Mo–Sa 16–23 Uhr, So 10.30–23 Uhr, Do Ruhetag

Werkstor

Rund um die Flottmann-Hallen entstand im Kulturhauptstadtjahr Ruhr.2010 ein Skulpturenpark, in dem auch das ehemalige Werkstor aus Eisen und Bronze steht. 1898 vom Düsseldorfer Kunstschmied Füßmann angefertigt, wurde es 1900 auf der Weltausstellung in Paris gezeigt und später von Flottmann gekauft, der sich ein repräsentatives Jugendstil-Tor gewünscht hatte. Es gilt unverändert als Meisterwerk historischer Schmiedekunst.

Wie Elektrizität unser Leben verändert:

Umspannwerk – Museum Strom und Leben

Das Umspannwerk mit dem Museum Strom und Leben bietet eine spannende Zeitreise durch die Geschichte der Elektrifizierung. In einer 100 Jahre alten Straßenbahn lässt sich studieren, wie Strom auf die Schiene gebracht wird.

Ein Umspannwerk als Industriedenkmal? Ja, das ist möglich. Zwar ist das übliche Gewirr aus Starkstromleitungen, Isolatoren und irgendwelchen brummenden Gerätschaften gewöhnlich unter freiem Himmel angesiedelt. Doch im Recklinghausen des Jahres 1928 fürchteten die Verantwortlichen der Vereinigten Elektrizitätswerke (VEW), dass die Feuchtigkeit des nahen Rhein-Herne-Kanals und der Staub und der Dreck der Schwerindustrie zu erheblichen Störungen führen könnten. Also packten die Verantwortlichen das Umspannwerk in ein architektonisch anspruchsvolles Backsteinensemble, das seit 1991 unter Denkmalschutz steht. Heute befindet sich darin Deutschlands größtes Elektrizitätsmuseum, das Museum Strom und Leben.

Elektrizität in jedem Gerät – das war vor gut 90 Jahren ein durchaus verheißungsvolles Versprechen, über das heute nur geschmunzelt wird. Bergbau und Schwerindustrie setzten voll auf Strom in verschiedenen Arten, aber auch Gewerbe und die privaten Haushalte. Wie elektrische Energie unser Leben veränderte, darauf gibt das Museum Strom und Leben auf eindrucksvolle Weise Antworten in Form einer Zeitreise durch die Geschichte der Elektrifizierung.

Mit Hilfe einer Wasserturbine und einer Dampfmaschine sowie einer Dampfturbine werden die unterschiedlichsten Formen der Stromerzeugung

Umspannwerk

Ein Umspannwerk ist Teil des elektrischen Versorgungsnetzes eines Energieversorgungsunternehmens. Es ist dazu da, unterschiedliche Spannungsebenen miteinander zu verbinden.

gezeigt. In der Fahrzeughalle mit historischen Elektrofahrzeugen steht eine über 100 Jahre alte Straßenbahn mit gläsernem Boden und demonstriert, wie die Energie auf die Schiene gebracht wird. Viele Haushaltsgeräte, Telefonapparate und sogar ein Schuhröntgengerät machen die rasante Entwicklung deutlich, ebenso Spiele aus der Computer-Steinzeit wie Ping und Tetris. Wie Strom von der Erzeugung bis zur Steckdose verteilt wird, gehört natürlich auch zu den Basics des Museums, ebenso eine umfangreiche Bibliothek zur Geschichte der Elektrotechnik.

Museum Strom und Leben
Uferstraße 2–4
45663 Recklinghausen
Navi Bochumer Straße 253
T. 02361 9842216
www.umspannwerk-recklinghausen.de
Mo–Sa 10–17 Uhr, So 10–18 Uhr

Gastro-Tipp:

Fast schon Kultstatus hat das „Drübbelken" in der vom Zweiten Weltkrieg weitgehend verschonten Recklinghäuser Altstadt. Ein angesagter, dabei aber gemütlicher Szenetreff mit leckerem Essen zu fairen Preisen. Und guter Musik.

Drübbelken
Münsterstraße 5
45657 Recklinghausen
T. 02361 23493
www.drueb.de
tgl. ab 17 Uhr

Den Abriss verhindert

Weil das Umspannwerk Ende der 1980er-Jahre als veraltet galt und nicht mehr dem erforderlichen technischen Standard entsprach, sollte es abgerissen werden. Zum Glück entschied sich die VEW-Führung, das historische Gebäude zu erhalten und von 1991 bis 1994 zu restaurieren. Auch dabei sorgte die Internationale Bauausstellung Emscherpark (IBA) für den notwendigen politischen und finanziellen Rückenwind. Die VEW fusionierten dann im Jahr 2000 mit der RWE AG.

Das 1899 von Kaiser Wilhelm II. eingeweihte Schiffshebewerk Henrichenburg, hier vom Oberwasser aus gesehen, gilt auch heute als Meisterwerk der Ingenieurskunst. Hier und da prangt noch der Preußenadler.

Ingenieurskunst beeindruckte sogar den Kaiser:

Schiffshebewerk Henrichenburg

„Unsere Zukunft liegt auf dem Wasser“ lautete eines der bekanntesten Zitate von Kaiser Wilhelm II. zum Ende des 19. Jahrhunderts. Es war der Start eines abstrusen Rüstungswettlaufs in Europa, der für unser Land bekanntlich in einer Katastrophe endete. Das größte Landheer besaß Deutschland zu diesem Zeitpunkt bereits. Jetzt wollte es seine Flotte massiv ausbauen, um auch auf den Meeren Stärke und Dominanz zeigen zu können.

Um die Werften an der Küste

mit Stahl für den Schiffsbau versorgen zu können, musste das Ruhrgebiet mit seinen Zechen, Hütten und Stahlwerken besser und günstiger an die Nordsee angebunden werden. Dafür wurde der Dortmund-Ems-Kanal, der auf seinem Weg zur Nordsee allerdings einen Höhenunterschied von 70 Metern überwinden musste, gebaut. Allein 14 Meter davon wurden mit Hilfe des Schiffshebewerks Henrichenburg geschafft, einem gigantischen Lift, der Schiffe mit einem Gesamtgewicht von 800 Tonnen von einer Wasserebene auf die andere hieven konnte. Es galt als das Schlüsselbauwerk des ehrgeizigen Projektes und war bis 1970 in Betrieb.
Als der Kaiser am 11. August 1899 höchstpersönlich zur Einweihung des für damalige Zeiten technischen Wunderwerks nach Waltrop kam, war der Jubel im nordöstlichen Ruhrgebiet groß. Bevölkerung und Presse überschlugen sich vor Begeisterung, denn die eher vernachlässigte Region stand plötzlich im Rampenlicht. Der Kaiser blieb zwar nur eine Dreiviertelstunde, doch was blieb, gilt bis heute als Meisterwerk der Ingenieurskunst und Industriedenkmal von europäischem Rang.
Noch heute blitzt beim Rundgang durch das Schiffshebewerk Preußens Gloria auf, zu erkennen am Preußenadler und anderen Herrschaftssymbolen auf den Stahlkonstruktionen und Sandsteinwänden. Das markante Wahrzeichen sind jedoch die beiden Haupttürme mit den Kugelaufsätzen. Wer sie erklimmt, wird

Unter Denkmalschutz
1979 wurde das Schiffshebewerk Henrichenburg unter Denkmalschutz gestellt und 1992 als riesiges Freiluftmuseum am und auf dem Wasser eröffnet. Träger ist der Landschaftsverband Westfalen-Lippe. Der Schiffslift gilt als eine der Hauptattraktionen der Route der Industriekultur und zog bisher weit über 1,5 Millionen Besucher an, von denen viele sich bei der Gelegenheit die nahe Großschleuse anschauen, die seit 1989 alle Schiffshebungen bewältigt.

In großen mit Wasser gefüllten Trögen wurden bis zu 800 Tonnen schwere Schiffe nach dem Auftriebsprinzip 14 Meter gehoben oder gesenkt.

Gastro-Tipp:

Ganz in der Nähe, in den altehrwürdigen Hallen der Zeche Waltrop, befindet sich das Manufactum-Warenhaus, das in seinem integrierten Restaurant Lohnhalle rustikale Kost in historischer Zechenarchitektur bietet. Die Preise sind im Gegensatz zu den erlesenen Manufactum-Produkten ausgesprochen moderat.

Manufactum
Gasthaus Lohnhalle
Hiberniastraße 4
45731 Waltrop
T. 2309 608884
www.manufactum.de
Mo–Fr 10–19 Uhr, Sa 10–18 Uhr

mit einem wundervollen Blick über die weite Kanallandschaft belohnt. Direkt davor befindet sich das Oberwasser, wo historische Pötte liegen und alte Kräne an Land stehen.

Etliche Stufen abwärts erreicht der Besucher das Unterwasser. Dort, im Laderaum des Museumsschiffs „Franz Christian“, werden tiefe Einblicke

In der Steuerzentrale des Schiffshebewerks befindet sich auch eine Ausstellung, in der die bis in die 1970er-Jahre angewendete Technik anschaulich erklärt wird.

über das Geschehen an Bord und in das harte Leben der Schifferfamilien vermittelt. Im Maschinen- und Kesselhaus befinden sich noch die alten Aggregate, darunter eine Dampfmaschine, die gelegentlich in Gang gesetzt wird. Mit Hilfe eines Modells wird das Auftriebsprinzip des Schiffshebewerks erklärt. Dabei staunen nicht nur die Kinder. Auf dem Unterwasser liegt auch die „MS Henrichenburg“, die mehrmals am Tag zu Rundfahrten durch den nahen, hochmodernen Schleusenpark Waltrop einlädt.

Schiffshebewerk Henrichenburg
Am Hebewerk 26
45731 Waltrop
T. 02363 97070
www.schiffshebewerk-henrichenburg.de
Di–So 10–18 Uhr

Ikone der Industriekultur und gefragte Location:

Jahrhunderthalle

Ihr Name klingt nach Jahrhundertereignis und weckt hohe Erwartungen. Tatsächlich gehört die Bochumer Jahrhunderthalle zu den Leuchttürmen unter den Industriedenkmälern im Ruhrgebiet, denn nirgendwo anders treffen die Industriearchitektur der vorletzten Jahrhundertwende und die Kunst und die Unter-

Bochumer Verein

Der Bochumer Verein war ein 1854 gegründeter Montankonzern mit Sitz in Bochum, zu dem mehrere Stahlwerke und Zechen gehörten. 1965 erfolgte die Fusion mit dem Krupp-Konzern. Berühmt war der Bochumer Verein unter anderem für die Qualität der dort produzierten Glocken. Viele berühmte Glocken stammen aus Bochum, allen voran die vier Friedensglocken in Hiroshima.

Aus der 1902 errichteten Gaskraftzentrale des Montankonzerns Bochumer Verein ist ein Kulturkraftwerk von internationalem Rang geworden. In der Jahrhunderthalle trifft Industriearchitektur der Jahrhundertwende auf Kunst und Moderne von heute.

haltung moderner Zeiten so spektakulär aufeinander wie dort. Konzerte, Theater, Shows und Installationen erhalten durch das von alter Technik geprägte Ambiente ihren besonderen Reiz. Wenn alljährlich die 1Live-Krone verliehen wird, der Musikpreis des Westdeutschen Rundfunks (WDR) für Popmusik, „tobt der Bär“. Die Jahrhunderthalle ist auch Hauptspielort der Ruhrtriennale, des wichtigsten Kulturfestivals in Nordrhein-Westfalen. Konzerte, Ausstellungen und Events vieler Art finden dann statt.

Jahrhunderthalle und die imposanten Kühltürme (Foto) bilden den Rahmen eines Ensembles, das nachts farbig angestrahlt wird.

 **Gastro-Tipp:**

Ganz in der Nähe des Bochumer Schauspielhauses liegt „Fräulein Coffea", ein charmantes Café mit verlockenden, selbstgebackenen Kuchen, Tartes und Törtchen, das von zwei Schwestern betrieben wird. Könnte auch in Berliner oder Hamburger Szenevierteln stehen, hat sich zum Glück im Ruhrgebiet angesiedelt.

Fräulein Coffea
Oskar-Hoffmann-Straße 34
44789 Bochum
T. 0234 62344875
www.fraeulein-coffea.de
Di–So 10–19 Uhr

Dabei galt die 1902 errichtete ehemalige Gaskraftzentrale des Bochumer Vereins für Bergbau und Gussstahl mit ihrer luftigen Stahlkonstruktion zunächst nur als Musterbeispiel für einen rein zweckbestimmten Ingenieurbau. Und sie stand nicht in Bochum, sondern zunächst bei der Industrie- und Gewerbeausstellung in Düsseldorf, von wo sie 1903 zu ihrem heutigen Standort transportiert wurde. Erst 1993 begann die Sanierung der 8900 Quadratmeter großen Halle, die danach zum Schmelzpunkt von Tradition und Moderne avancierte. Zugleich bildet die Halle das Zentrum des neuen Westparks, einem Projekt, durch das ein bis dahin vernachlässigter Bereich der Bochumer Innenstadt erschlossen wurde.

Dort beginnt auch die Erzbahntrasse, von der aus früher die Hochöfen des Bochumer Vereins mit Erz versorgt wurden. Heute gilt sie als einer der interessantesten und beliebtesten Fahrrad-Highways des Landes. Gemeinsam mit der Jahrhunderthalle bildet die Erzbahntrasse bestens den Strukturwandel im Ruhrgebiet ab. Apropos: Das Wort Strukturwandel mag kaum noch jemand hören. Doch an Ruhr und Emscher sind die Menschen froh, dass es ihn gab und noch gibt.

Jahrhunderthalle Bochum
An der Jahrhunderthalle 1
44793 Bochum
T. 0234 963020
www.jahrhunderthalle-bochum.de

Stirnlampenführungen und Erzbahntrasse

Sehr beliebt sind die Stirnlampenführungen durch die Unterwelt der Jahrhunderthalle, sprich durch die unterirdischen Versorgungsschächte der Gaskraftzentrale. Eine Anmeldung ist erforderlich. T. 0234 3693100.

Für Fahrradausflügler ist die genannte Erzbahntrasse ein heißer Tipp. Von der Jahrhunderthalle und dem Westpark aus starten verschiedene Routen. Am Radknotenpunkt wartet dann Holgers Erzbahnbude, ein beliebter Radlertreff mit Kultstatus, mit fester und flüssiger Stärkung.

www.bochum.de

Malakowturm und Dampf-Fördermaschine:

Zeche Hannover

Wuchtig und schwer wirken der Malakowturm und die Maschinenhalle der Zeche Hannover in Bochum. Die massive Bauweise war erforderlich, um den gewaltigen Fliehkräften der Seilscheiben standzuhalten.

Der mächtige Turm mit Zinnen und schmalen Fenstern, die Schießscharten gleichen, erinnert eher an eine mittelalterliche Burg in England als an ein Bergwerk an der Ruhr. Es fehlen nur noch die Ritter der Tafelrunde. Doch der Eindruck täuscht: Die Zeche Hannover an der Stadtgrenze zwischen Bochum und Herne war durch-

aus auf der Höhe der Zeit und zum zentralen Förderschacht aller Bochumer Zechen ausgebaut worden, als nach über 110 Jahren 1973 die Förderung eingestellt wurde. Von da an war Bochum keine Bergbaustadt mehr.
Es gibt viele Dinge, die Hannover von den übrigen Zechen unterscheidet. Da ist der Malakowturm mit seinen meterdicken Mauern, die erforderlich waren, um die schweren Seilscheiben zu tragen und die gewaltigen Zugkräfte auszuhalten, wenn die Förderkörbe Kumpel und Kohle aus einer Tiefe von bis zu 750 Metern ans Tageslicht brachten. Benannt wurde diese Art von Fördertürmen nach der Festung Malakow (oder Malakoff) bei Sewastopol auf der Krim. Erst gegen Ende des 19. Jahrhunderts konnte auf die aufwändige Bauweise verzichtet werden, weil nun ausreichend Stahl zur Verfügung stand, der kostengünstig zu den bekannten Fördergerüsten zusammengeschweißt werden konnte.

Bei dem langgestreckten Bau neben dem trutzigen Turm handelt es sich dagegen um die Maschinenhalle, der Kenner einen neoromanischen Baustil bescheinigen. Im Mittelpunkt der Halle steht eine dampfgetriebene Fördermaschine aus dem Jahr 1893, die bei sonntäglichen Führungen angeworfen wird.

Koepe Förderung

Die Zeche Hannover war im 19. Jahrhundert ein Technologieträger, denn der damalige Bergwerksdirektor Friedrich Koepe (1835-1922) hatte die Lösung für ein endloses Förderseil erfunden, mit dem in bis dahin nicht denkbare Tiefen vorgestoßen werden konnte. Statt der gewohnten Seiltrommel, auf der das Förderseil auf- und abgewickelt wurde, konstruierte er eine Treibscheibe, die 1877 erstmals eingesetzt wurde. Bei der Koepe-Förderung wird die Kraft des Antriebsmotors auf das Seil übertragen. Das Prinzip wird bis heute in aller Welt angewendet.

Revolutionär war damals die vom Bochumer Bergwerksdirektor Friedrich Koepe entwickelte Technik, bei der die Kraft des Antriebsmotors direkt auf das Seil übertragen wird.

Und dann ist da noch die Kinderzeche Knirps, mit Schacht, Förderanlage und Lorenbahn. Allerdings wird keine Kohle gefördert, sondern Kies – und zwar mit einer Fördertechnik, die 1876 vom damaligen Bergbaudirektor erfunden wurde und noch heute auf Zechen in aller Welt eingesetzt wird. Angeleitet von Museumspädagogen oder auch im Alleingang erfahren Kinder viel über den Bergbau der damaligen Zeit – und wie wichtig es ist, dass man sich aufeinander verlassen können muss. Eine Eigenschaft, die unter Tage schon immer an vorderster Stelle stand.

LWL-Industriemuseum
Zeche Hannover
Günnigfelder Straße 251
44793 Bochum
T. 02364 61200874
www.zeche-hannover@lwl.org

Gastro-Tipp:

Von der FAZ bis zu diversen Feinschmeckermagazinen waren schon fast alle im Profi Grill – aus gutem Grund. Denn hinter der Fritteuse steht mit Raimund Ostendorp ein Meisterkoch, der die höheren Weihen in der Düsseldorfer Sterneküche „Schiffchen" verlassen hat und statt dessen ein Imbiss-Lokal in Bochum-Wattenscheid betreibt, eben jenen Profi Grill. Natürlich achtet der Meister auf beste Zutaten und auch sonst jedes Detail. Schauspieler, Polit-Promis und viele Otto Normalverbraucher wissen das sehr zu schätzen und nehmen eine gewisse Wartezeit auf Currywurst, Schaschlik und Kurts Frikadellen in Kauf. Lohnt sich schließlich.

Profi Grill
Bochumer Straße 96
44866 Bochum
T. 02327 82361
www.profi-grill.de
tgl. 11–22 Uhr

Wo die Herzen der Dampflok-Nostalgiker höher schlagen:

Eisenbahnmuseum Dahlhausen

Ein Blick zurück: Es war die Eisenbahn, mit deren Hilfe die rasante Industrialisierung des Ruhrgebietes in der zweiten Hälfte des 19. Jahrhunderts erst möglich wurde. Erz und Kohle konnten in großen Mengen zu den Hüttenwerken transportiert und der daraus produzierte Stahl zu den Abnehmern gebracht werden. Im 1916 eingeweihten Bahnbetriebswerk der Königlich-Preußischen Eisenbahnen in Bochum-Dahlhausen wurden bis in die 1960er-Jahre Loks und Waggons instandgesetzt. Heute ist es eines der populärsten Museen des Reviers, in dem es mehr als 120 historische Eisenbahnfahrzeuge zu bewundern gibt. Dampfloks vieler Baureihen, Waggons, Tender, Signaltechnik

Hier schlägt das Herz aller Dampflok-Fans und Möchtegern-Lokführer höher: Vor der 20 Meter-Drehscheibe, mit deren Hilfe die dampfenden Kraftprotze umgesetzt werden, wurden die Loks verschiedener Baureihen in Position gebracht.

und natürlich die noch funktionsfähige 20-Meter-Drehscheibe, über die die Loks auf andere Gleise geschoben wurden. Deutschlands größtes privates Eisenbahnmuseum ist ein Sehnsuchtsort für Dampflok-Nostalgiker, die dort in einer Bilderbuchkulisse Bahnromantik zum Anfassen erleben. Verschiedene Sonderfahrten mit historischen Fahrzeugen, teils

Filmkulisse

Das im tiefen Bochumer Südwesten gelegene Eisenbahnmuseum dient gelegentlich als Filmkulisse, denn wo sonst können Dampfloks und Waggons so authentisch in eine Handlung eingebaut werden? Deshalb hätte die gleichermaßen legendäre wie berührende Kriegsheimkehrer-Szene aus „Das Wunder von Bern" von Regisseur Sönke Wortmann wohl nirgendwo anders gedreht werden können als hier.

Auch Ausflugsfahrten unter Dampf sind vom Eisenbahnmuseum Bochum aus möglich. Der mollige Schienenbus (unten) fährt allerdings mit Dieselkraft.

unter Dampf, teils mit Diesel, machen den Genuss perfekt. Im Mittelpunkt steht ein Salonwagen des kultigen Orient-Express, der einst Konstantinopel (Istanbul heißt die türkische Metropole erst seit 1930) mit Paris verband. In einem anderen Salonwagen, in dem schon der ehemalige Bundeskanzler Konrad Adenauer, Englands Königin Elisabeth II. und Kanzler Willy Brandt reisten, wird Geschichte lebendig. Mehr interessieren dürften die Dampflok-Freaks dagegen Raritäten wie die Schnellzuglokomotive der Baureihe 01, die bis Anfang der 1970er-Jahre durch die Lande dampfte. Sie wurde ebenso vor der Verschrottung bewahrt wie die schwere Güterzuglok der Baureihe 44, die für große Lasten und lange Strecken ausgelegt war. Eine spannende Zeitreise durch die Geschichte des Verkehrsträgers Bahn, die in Deutschland 1835 begann.

Eisenbahnmuseum Bochum
Dr.-C.-Otto-Straße 191
44879 Bochum
T. 0234 492516
www.eisenbahnmuseum-bochum.de
1. März – 15. Nov. Di–Fr und So 10–17 Uhr

Gastro-Tipp:

Ebenfalls „eisenbahnnah" ist das berühmte Bochumer Bermuda-Dreieck mit seinen mehr als 60 Kneipen und Restaurants. Es liegt in unmittelbarer Nähe des Hauptbahnhofs und gehört zu den bekanntesten Ausgeh-Meilen Deutschlands. Für jeden Geschmack und Geldbeutel findet sich dort das passende Lokal. Kultstatus genießt die schon von Herbert Grönemeyer besungene Currywurst der alteingesessenen Fleischerei Dönninghaus. Sie gibt es unter anderem im „Bratwursthaus". Es kann nachgeschärft werden.

Bratwursthaus
Kortumstraße 18
44787 Bochum
T. 0234 92788433
www.bermuda3eck.de
www.dieechte.de

Das Erbe der Steinkohlenförderung wird erhalten:

Deutsches Bergbau-Museum

Mit der letzten Schicht auf Prosper Haniel in Bottrop endete am 21. Dezember 2018 die über 200 Jahre alte Geschichte des Steinkohlenbergbaus in Deutschland. Jetzt liegt es allein am Deutschen Bergbau-Museum (DBM) in Bochum, sein Erbe zu bewahren. Die Voraussetzungen dafür sind vorhanden: Drei Jahre lang wurde das größte Bergbau-Museum der Welt mit Mitteln der RAG-Stiftung (Ruhrkohle AG) umgebaut, die dafür einen zweistelligen Euro-Millionenbetrag investierte. Der Aufwand hat sich gelohnt. Vom riesigen Wurzelstock aus der Karbonzeit, aus dem in Millionen Jahren Kohle entstand, bis zu modernsten Fördertechniken werden im DBM seit 2019 alle Facetten des Bergbaus präsentiert.

Hier wird das Erbe des Bergbaus bewahrt. Im Deutschen Bergbau-Museum erfährt der Besucher alles über die Entstehung und Gewinnung von Bodenschätzen – von den mühsamen ersten Grabungen bis hin zu modernen Fördertechniken. Der Förderturm gehörte einst zur Dortmunder Zeche Germania.

Eigentlich benötigt das DBM keinen Wegweiser. Der Besucher muss sich nur am 73 Meter hohen Doppelbock-Fördergerüst der ehemaligen Zeche Germania orientieren, das 1973 vom Dortmunder Stadtteil Marten auf das Gelände des Museums am Rande der Bochumer Innenstadt verlagert wurde. Von seiner Aussichtsplattform, die per

Grubenwasserhaltung

Zu den Themen, über die das Deutsche Bergbau-Museum informiert, gehört auch die Grubenwasserhaltung. Seit der Schließung aller Zechen im Ruhrgebiet wird das herunter gesickerte, mit Schadstoffen belastete Wasser von 1000 und mehr Metern Tiefe bis auf ein Niveau von 600 Metern angehoben und zu sechs zentralen Pumpstationen weitergeleitet, die auf ehemaligen Zechenstandorten liegen. Von dort wird es in Lippe und Emscher abgeleitet und fließt schließlich in den Rhein. Dadurch wird gewährleistet, dass das Grubenwasser einen Sicherheitsabstand von mindestens 150 Metern zu den grundwasserführenden Schichten einhält und das Trinkwasser nicht gefährdet. Für die „Ewigkeitskosten“ des Bergbaus, die deutlich über 250 Millionen Euro pro Jahr liegen, kommt die eigens dafür gegründete RAG-Stiftung auf.

Von der Aussichtplattform in 65 Metern Höhe hat man einen tollen Blick auf Bochum.

Kettenschrämlader

Kettenschrämlader werden elektrisch angetrieben und lösen die Kohle aus der Kohleschicht, dem Flöz. So entsteht eine Art Rinne, in der früher die Hacke des Kumpels leichter angesetzt werden konnte. Eine Weiterentwicklung sind die Walzenschrämlader, mit denen größere Mengen Kohle aus dem Flöz geschnitten (geschrämt) werden.

Lift erreicht wird, schweift der Blick weit über Bochum.

1930 wurde das DBM gegründet und residierte zunächst in den Gebäuden des früheren Bochumer Schlachthofs. Schon fünf Jahre später stand eine umfassende Erweiterung an, für die der bekannte Industriearchitekt Fritz Schupp verantwortlich zeichnete. Jener Fritz Schupp, der zusammen mit Martin Kremmer auch die Zeche Zollverein in Essen geplant hatte, die 2001 zum Weltkulturerbe ernannt wurde. Anders als die Essener Zeche lehnte

Schupp das Bochumer Projekt aber nicht an den Bauhaus-Stil an, sondern bevorzugte eine Monumentalarchitektur, wie sie zur Zeit des Nationalsozialismus gewünscht war. In der hohen Eingangshalle wird dies besonders deutlich.
Am meisten punktet das DBM sicherlich mit seinem Anschauungsbergwerk, das schon 1936 angelegt wurde und in 20 Metern Tiefe über ein Streckennetz von fast drei Kilometern verfügt. Beim Rundgang kommt der Besucher zu verschiedenen Stationen, an denen ehemalige Kumpel die Techniken des Bergbaus erläutern und auch mal Originalmaschinen wie den Kohlehobel oder den Kettenschrämlader anwerfen. Ein Erlebnis, ebenso wie die Fahrt im Seilfahrt-Simulator. Ruckelnd und krachend geht es zum Förderort, der aber nicht 1000 Meter unter der Erde liegt.

Deutsches Bergbau-Museum
Am Bergbaumuseum 28
44791 Bochum
T. 0234 5877126
www.bergbaumuseum.de
Di–Fr 8.30–17 Uhr, Sa–So 10–17 Uhr

Im Anschauungsbergwerk, schon 1936 angelegt, kommen sogar Kettenschrämlader oder Kohlehobel zum Einsatz. Hinunter in 20 Meter Tiefe geht es mit einem rumpelnden Förderkorb-Simulator.

 **Gastro-Tipp:**

Zum Trip ins Ruhrgebiet gehört natürlich der Besuch eines typischen Schnellimbisses, der das übliche Angebot aus Currywurst, Pommes, Mayonnaise, kurz CPM, Schaschlik und andere Köstlichkeiten bereithält. Der Bergbau-Grill liegt direkt gegenüber des DBM und kann gar nicht verfehlt werden.

Bergbau-Grill
Herner Straße 42
44787 Bochum
T. 0234 512483
Mo–Fr 11–20 Uhr

Wer lieber ein wenig mehr Raffinesse auf dem Teller schätzt, der wird im berühmten Kneipenviertel Bermuda-Dreieck direkt am Bochumer Hauptbahnhof garantiert fündig.

www.bermuda3eck.de

Der Weg des Eisens steht im Mittelpunkt:

Henrichshütte

Es war ein gewaltiger Schock für die Hattinger, als die Henrichshütte 1987 im Zuge der Stahlkrise dichtmachen musste. Schließlich hatten auf dem riesigen Industrieareal bis zu 10 000 Menschen gearbeitet, dort Koks, Eisen und Stahl erzeugt. Der Stahl wiederum wurde gegossen, gewalzt und geschmiedet. Eisenbahnschienen kamen damals aus der Stadt im Ruhrtal,

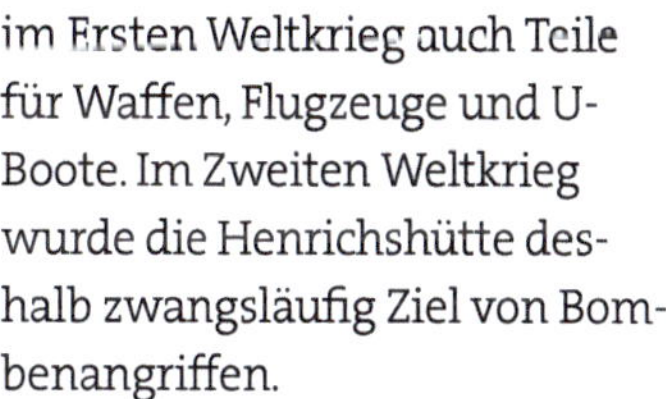

im Ersten Weltkrieg auch Teile für Waffen, Flugzeuge und U-Boote. Im Zweiten Weltkrieg wurde die Henrichshütte deshalb zwangsläufig Ziel von Bombenangriffen.

Als 1987 die Hochöfen der Henrichshütte erloschen, verloren 10 000 Menschen ihre Arbeit. Das LWL-Industriemuseum übernahm, auch viele Firmen siedelten sich an.

Nach Zerstörung und Wiederaufbau kam sie zu neuer Blüte und stellte neben anderen Produkten Teile für Bohrinseln und Atomkraftwerke her. Aber schon 1963 wurden erste Bereiche stillgelegt, 1987 stellte der letzte Hochofen den Betrieb ein. Die Hattinger protestierten heftig, aber ohne Erfolg. Sie hatten ihren wichtigsten Arbeitgeber verloren, der seit der Gründung 1854 die Stadt geprägt hatte und auf den die Bürger immer sehr stolz waren. Glücklicherweise übernahm schon 1989 der Landschaftsverband Westfalen-Lippe den Hochofen und viele andere Hüt-

Hattinger Altstadt

Ebenfalls ein beliebtes Ausflugsziel ist die Hattinger Altstadt mit ihren stillen Winkeln und alten Gassen, in denen noch Ruhe und Geborgenheit zu finden sind. Was nicht heißt, dass der Besucher durch eine verlassene Idylle bummelt. In vielen der 143 liebevoll restaurierten Häuser bieten eine pfiffige Gastronomie, Boutiquen und Fachgeschäfte Gelegenheit zum Einkehren und Einkaufen. Bekanntestes Gebäude ist das Bügeleisenhaus (Foto) aus dem Jahr 1611 mit seiner schmal zulaufenden Form. Auch der Kirchplatz ist einen Besuch wert. Er wird von den ältesten Häusern Hattingens umgeben, die um 1505 gebaut wurden.

Heimatmuseum im Bügleisenhaus
Haldenplatz 1
45525 Hattingen
www.buegeleisenhaus.ruhr.de

Bessemer Stahlwerk

Im Bessemer Stahlwerk wird das im Hochofen geschmolzene, kohlenstoffreiche Roheisen durch Einblasen von Luft sehr stark erhitzt, so dass der Kohlenstoff und andere Substanzen verbrennen. Sinkt der Kohlenstoffgehalt unter einen bestimmten Wert, ist aus dem Eisen Stahl geworden. Das nach dem Engländer Henry Bessemer benannte, Mitte des 19. Jahrhunderts eingeführte Verfahren, wird heute nicht mehr angewendet.

tenteile wie die Abstichhalle oder das Bessemer-Stahlwerk. Aus der ehemaligen Hütte wurde auf 50 000 Quadratmetern Fläche ein riesiges Industriemuseum, ein einzigartiger Schauplatz für die Geschichte von Eisen und Stahl. Nirgendwo sonst wird der Weg vom Eisenerz zum fertigen Produkt so anschaulich gezeigt. Ein gläserner Aufzug fährt auf den 55 Meter hohen, ältesten noch erhaltenen Hochofen im Revier.

In den alten Hallen rund um den Hochofen entstand ein einzigartiger Schauplatz, an dem die Geschichte von Eisen und Stahl anschaulich angezeigt wird.

Zwar tut den Hattingern das Aus für die Hütte vor mehr als drei Jahrzehnten immer noch weh, den Turnaround haben sie gleichwohl geschafft. Auf dem Hüttengelände wurden neue Firmen aus den verschiedensten Bereichen angesiedelt, die Arbeitslosenquote ist niedriger als zu den Zeiten, als auf der Henrichshütte noch Stahl gekocht wurde.

LWL-Industriemuseum
Henrichshütte Hattingen
Werksstraße 31–33
45527 Hattingen
T. 02324 9247140
www.henrichshuette-hattingen.de
Di–So 10–18 Uhr

 **Gastro-Tipp:**

Im Restaurant Fachwerk in der historischen Hattinger Altstadt direkt am Rathaus kommt bodenständige westfälische Küche mit Raffinesse auf den Tisch, und das mit hochwertigen Zutaten von der Blutwurst bis hin zum Canadian Heritage Agnus Beef. Im historischen Ambiente – weiß getünchtes Mauerwerk und Holzbalken – mit moderner Einrichtung tafelt der Gast schick und gemütlich zugleich. In der warmen Jahreszeit wird die Terrasse geöffnet.

Fachwerk Restaurant Hattingen
Untermarkt 10
45525 Hattingen
T. 02324 6852770
www.fachwerk-hattingen.de
Di–Fr 11.30–14.30 u. 18–23 Uhr,
Sa 11.30–23.30 Uhr

Der Beginn des industriellen Abbaus der Steinkohle:

Zeche Nachtigall

Die Zeche Nachtigall war eines der ersten Bergwerke, in denen dampfgetriebene Fördermaschinen eingesetzt wurden. Sie musste aber 1892 aufgeben, weil die neuen Zechen nördlich der Ruhr produktiver waren.

Die Geschichte der Kohlennutzung fängt vielleicht im Wittener Muttental an. Denn dort soll der Legende nach ein Schweinehirt sein Feuer abends mit schwarzen Steinen zugeschüttet haben. Als die Steine am nächsten Tag noch glühten, wunderte er sich sehr. Das Schwarze Gold war entdeckt – und seine nützlichen Eigenschaften sprachen sich schnell herum. Zunächst wurden nur kleine, senkrechte Schächte, die Pingen, gegraben, um an die weit oben liegende Kohle zu gelangen. Erst später gingen die Kumpel dazu über, Stollen waagerecht in den Berg zu treiben. Mehr als 60 dieser Kleinzechen gab es damals allein im Muttental.

Einer der ersten Tiefbauschächte des Reviers war der 1839 abgeteufte Schacht Hercules. Er gehörte zur Zeche Nachtigall, die damit den Übergang von der handwerklichen zur in-

Per Bähnle durchs Muttental – dafür sorgt die AG Muttentalbahn e.V. mit ihrem Fuhrpark aus historischen Diesel-, Elektro- und Pressluftlokomotiven, die zum Teil noch auf die Schiene gebracht werden. Im Besucherstollen (u.) lässt sich erahnen, wie schwer und gefährlich der Bergmannsberuf damals war.

Zeitreise durch die Bergbaugeschichte

Wer gut zu Fuß ist, sollte nach dem Besuch des Museums den neun Kilometer langen Bergbaurundweg durch das beschauliche Muttental nicht versäumen. Er gleicht einer Zeitreise durch die Bergbaugeschichte. Ob einfache Stollenmundlöcher oder Fördergerüste aus Stahl – über 30 Objekte dokumentieren die Entwicklung von den Anfängen bis zur Neuzeit. Der Weg führt auch am Bethaus der Bergleute vorbei. Die Ausstellung dort beschäftigt sich mit einer Zeit, als es noch keine riesigen Schachtanlagen gab.

Bergbaurundweg Muttental
Nachtigallstraße
56852 Witten
Eintritt frei, immer zugänglich

Leicht zu erkennen ist die Zeche Nachtigall an ihrem viereckigen Backstein-Schornstein neben den Wohn- und Verwaltungshäusern. 1970 wurde sie unter Denkmalschutz gestellt und präsentiert dem Besucher heute 450 Jahre Bergbaugeschichte im Ruhrtal.

Bethaus

Das Bethaus im unteren Muttental ist das letzte seiner Art im Ruhrgebiet. Im frühen Ruhrbergbau wurde dort nicht nur vor und nach der Schicht gebetet. Dort erfolgte auch eine Art Anwesenheitskontrolle. Es wurde registriert, wer zu Schichtbeginn einfuhr und ob nach Schichtende alle unversehrt zurück waren. Das Bethaus war zugleich Versammlungsort der Bergleute.

dustriellen Kohlenförderung markierte und somit eine Pionierleistung erbrachte. Aber schon 1892 war mit dem Abbau dort Schluss, weil die neuen Zechen nördlich des Ruhrtals unter weitaus günstigeren Bedingungen arbeiten konnten. Zum Glück blieben Waschkaue, Verwaltungs- und Wohnhaus und der viereckige Backsteinschorn-

stein erhalten und wurden 1970 unter Denkmalschutz gestellt. Als LWL-Industriemuseum Zeche Nachtigall besteht das historische Bauwerk nun weiter und bietet einen Überblick über 450 Jahre Bergbau im Ruhrtal. In der Dauerausstellung „Der Weg in die Tiefe" wird gezeigt, wie schon in vorindustrieller Zeit Licht und Luft in die Stollen kamen und wie der ewige Feind des Bergmanns, das Wasser, unter Kontrolle gebracht wurde. In Bergmannskluft und mit Helm erfahren die Besucher, wie hart und gefährlich damals die Arbeit der Kumpel war. Draußen auf dem Museumsgelände erinnert das 35 Meter lange Segelschiff „Ludwig Lenz" an die Kohlentransporte auf der Ruhr.

LWL-Industriemuseum
Zeche Nachtigall
Nachtigallstraße 35
58452 Witten
T. 02302 936640
www.zeche-nachtigall.de
Di–So 10–18 Uhr

Weltberühmt: Früher für Bier, heute für Kultur:

Das Dortmunder U

Kohle, Stahl, Bier – dieser Dreiklang prägte über Jahrhunderte das Ruhrgebiet, auch wenn heute nicht mehr viel davon übriggeblieben ist. Die Hitze und der Staub unter Tage sowie die Glut der Hochöfen sorgten bei Kumpeln und Stahlkochern zuverlässig für Durst. An der Spitze der Durstlöscher stand schon immer Dortmund, die Bierhauptstadt des Reviers: 1826 produzierten gleich 38 Brauereien den begehrten

Es glänzt golden in der Abendsonne. Dafür sorgen die 450 Gramm Blattgold, die auf das Dortmunder U aufgetragen wurden und es zum Wahrzeichen der Westfalenmetropole machten. Das U thront auf dem ehemaligen Gär- und Lagerhochhaus, das 2010 als einzigartiges Zentrum für Kunst wiedereröffnet wurde.

Gerstensaft. Und 1964 lag sie mit einem jährlichen Ausstoß von vier Millionen Hektolitern sogar weltweit auf Rang zwei. Nur in Milwaukee (USA) wurde mehr Bier gebraut.

Soweit die Vergangenheit: 1957/58 begann das große Zechensterben, das sich bis Ende 2018 hinzog, als mit Prosper Haniel in Bottrop Deutschlands letztes Steinkohlen-Bergwerk dicht machte. In fast allen Stahlwerken gingen die Hochöfen aus. Ein Niedergang, den zwangsläufig auch die Brauereien zu spüren bekamen, zumal der Bierdurst deutlich nachließ. Die Menschen dachten verstärkt an ihre Gesundheit. Und an ihren Führerschein. Viele Braustätten gaben auf oder fusionierten mit einer der weltweit tätigen Braugruppen. Heute produzieren mit Hövels, der Actien- und der Bergmann-Brauerei nur noch drei Hersteller in der früheren Bier-Hauptstadt Dortmund.
Eng mit der Brauerei-Tradition verbunden ist das bekannteste Wahrzeichen der Stadt, das

Vier Ausstellungen auf drei Etagen gibt es im Dortmunder U zu besichtigen., darunter das renommierte Museum Ostwall mit seiner hochkarätigen Sammlung expressionistischer Kunst.

Gastro-Tipp:
Es gibt unendlich viele Kneipen und Restaurants in Dortmund, das in Sachen Urbanität gemeinsam mit Essen und Bochum an der Spitze im Ruhrgebiet liegt. Deshalb ein salomonisches Urteil: Das schwer angesagte Kreuzviertel mit seinen liebevoll sanierten Jugendstilhäusern und einer immensen gastronomischen Vielfalt zwischen Lindemannstraße und Hohe Straße lässt keine kulinarischen Wünsche offen. Für jeden ist etwas dabei. Weiterer Vorteil: Der Hauptbahnhof ist nicht weit.
Kreuzviertel
Kreuzstraße
44139 Dortmund

Dortmunder U, auf dem ehemaligen Gär- und Lagerhochhaus der Union-Brauerei, das 1926/27 von Emil Moog im Stil der neuen Sachlichkeit erbaut wurde und sinnigerweise „Kellerhochhaus“ genannt wird. Das berühmteste U Deutschlands kam aber erst 1968 auf das siebenstöckige Gebäude. Es wurde mit 450 Gramm Blattgold veredelt und sorgt in der Abendsonne für wunderschönen Glanz. 1994 wurde die Brauerei in den Norden der Stadt verlagert und ging später in die Radeberger-Gruppe über. Das U aber prägte weiterhin die Skyline, während das Gebäude darunter zusehends verfiel.
Die Wiedergeburt erfolgte ab 2008, als das „Kellerhochhaus“ unter Leitung des Architekten Eckhard Gerber in ein „Zentrum für Kunst und Kreativität“ verwandelt und pünktlich im Jahr der Kulturhauptstadt Ruhr.2010 eröffnete. Vier Ausstellungen auf drei Etagen können dort seitdem besucht werden, darunter die Sammlung des renom-

Berühmt ist das Dortmunder U auch durch die „Fliegenden Bilder" des Filmkünstlers Adolf Winkelmann. Rund um die Dachkrone laufen mit Hilfe von 1,7 Millionen LED-Leuchten Filmsequenzen aus dem Ruhrgebiet.

mierten Museums Ostwall. Berühmt ist das U aber auch wegen der „Fliegenden Bilder" des Filmkünstlers Adolf Winkelmann. Rund um die Dachkrone des Gebäudes laufen mit Hilfe von 1,7 Millionen LED-Leuchten Filmsequenzen mit Szenen aus dem Ruhrgebiet. Aber auch die Bodenhaftung hat ihren Reiz. Rund um das U ist ein hippes Szeneviertel entstanden.

Dortmunder U
Zentrum für Kunst und Kreativität
Leonie-Reygers-Terrasse
44137 Dortmund
T. 0231 5024723
www.dortmunder-u.de
Di–Mi und Sa–So 11–18 Uhr, Do–Fr 11–20 Uhr

Museum Ostwall

Zum Besuch des Dortmunder U gehört unbedingt ein Gang durch die Ausstellungsräume des Museums Ostwall in der vierten und fünften Etage. Es beherbergt eine hochkarätige Sammlung expressionistischer Kunst mit Gemälden, Grafiken und Skulpturen von Ernst Ludwig Kirchner, Karl Schmidt-Rotluff, Emil Nolde, August Macke, Paul Klee und anderen Mitgliedern der Künstlervereinigung „Die Brücke" und „Blauer Reiter".

www.museumostwall.dortmund.de
Adresse und Öffnungszeiten wie Dortmunder U.

Erlebnispfad erschließt Technik und Natur:

Kokerei Hansa

Von weitem sieht er aus wie ein asiatischer Tempel, der nach oben breiter werdende Löschturm der Kokerei Hansa in Dortmund-Huckarde, dessen äußere Schicht aus Holz besteht. Er diente bis 1992 dazu, mit Tausenden Kubikmetern Wasser pro Tag den glühenden Koks, der von den Koksbatterien ausgestoßen wurde, auf etwa 60 Grad herunterzukühlen. Da das Holz immer nass war, konnte es sich nicht entzünden.

Hansa, von 1926–1928 errichtet, war eine von 17 Zentralkokereien im Ruhrgebiet, die in der zweiten Hälfte der 1920er-Jahre entstanden, um im Produktionsverbund mit Bergbau und Hüttenwerken die Gas- und Koksversorgung im Revier zu optimieren. Die zahlreichen kleineren Kokereien, die es bis dahin auf manchen Zechen gab, waren schlicht nicht leistungsfähig genug. Hansa lieferte Koksgas an das Union-Hüttenwerk, das im Gegenzug Gichtgas zur Beheizung der Koksöfen abgab. Auch die Ruhrgas-AG wurde mit Koksgas versorgt. Noch heute ist die zwei Meter dicke Gichtgasleitung zu sehen. Sie war Teil einer Ringleitung, die alle Hüttenwerke in Dortmund miteinander verband. 1941 war Hansa die größte Kokerei des Ruhrgebiets.

Als die neue Kokerei Kaiserstuhl 1992 den Betrieb aufnahm, wurde Hansa stillgelegt. Während Kaiserstuhl nach nur acht Jahren aufgeben musste, komplett demontiert und nach China verschifft wurde und in der Provinz Shandong seit 2006 erneut Koks produzierte, feierte Hansa ein Comeback als „begehbare Großskulptur". Der spektakuläre Standort der Industriekultur gibt faszinierende Eindrücke von der Schwerindustrie des vergangenen Jahrhunderts wieder.

Ein Erlebnispfad „Natur und Technik" erschließt dem Besucher die technischen Zusammenhänge. 2003, zum 75-jährigen Bestehen der Kokerei Hansa, wurde der dritte und aufre-

Wie eine Pagode mutet der Löschturm der Kokerei Hansa an, die bis 1992 Koks für die umliegenden Hüttenwerke erzeugte. Heute bietet Hansa faszinierende Eindrücke von der Schwerindustrie des vergangenen Jahrhunderts.

Ehemalige Waschkaue der Kokerei Hansa. Jeder Kumpel hatte einen Haken, mit dem er seine Arbeitskleidung unter die Decke ziehen konnte.

Die „schwarze" und „weiße" Seite

Jede Kokerei hat eine „schwarze" und eine „weiße Seite". Auf der „schwarzen Seite" wird in schmalen Kammern bei Temperaturen von über 1000 Grad Celsius Kohle in Koks umgewandelt, der beim Verbrennen weniger Ruß, Rauch und Schwefel freisetzt, von gleichbleibender Qualität ist und deshalb für das Beheizen der Hochöfen eingesetzt wird. Auf der „weißen Seite" wiederum werden chemische Nebenprodukte wie Gas, Teer oder Benzol gewonnen.

gendste Abschnitt des Erlebnispfades vollendet. Über eine gläserne Bandbrücke kommen Besucher auf die Kohlentürme und genießen von dort aus einen wunderbaren Panoramablick auf Dortmund.

Kollektives Staunen stellt sich auch beim Aufenthalt in der Kompressoren-Halle mit fünf dampfgetriebenen Kolbenkompressoren ein, die das Gas für die Einspeisung in das Leitungsnetz verdichteten. Einer von ihnen wird am Ende jeder Führung angeworfen. Nicht zu

Auch auf Hansa hat sich die Natur scheinbar verlorenes Terrain zurückgeholt. Heute gedeihen hier Pflanzen und es leben Tiere, die Jahrzehnte lang nicht gesehen wurden.

vergessen: Die Natur hat sich seit 1992 ständig verlorenes Terrain zurückerobert und eine interessante Flora und Fauna entwickelt.

Kokerei Hansa
Emscherallee 11
44639 Dortmund
T. 0231 93112233
www.industriedenkmalstiftung.de
April – Oktober tgl. 10–18 Uhr
November – März tgl. 10–16 Uhr

Gastro-Tipp:

Hövels Hausbrauerei ist eine Institution in der Bierstadt Dortmund und hält in rustikaler Umgebung regionale und gutbürgerliche Küche bereit. Der Westfalen-Klassiker Pfefferpotthast kommt hier auf den Tisch. Und auch Ruhrpott-Sushi, besser bekannt als Schweinemett. Immer einen Besuch wert.

Hövels Hausbrauerei
Hoher Wall 5–7
44137 Dortmund
T. 0231 914547-0
www.hoevels-hausbrauerei.de/cms
So–Do 11–0 Uhr, Fr u. Sa 11–1 Uhr

Das Schloss der Arbeit:

Zeche Zollern

Wegen der prunkvollen Backsteinfassaden und opulenten Giebel wird die Zeche Zollern gern „Schloss der Arbeit" genannt. Eigentlich erinnern nur die beiden Fördergerüste an ihre wahre Funktion.

Eine schmucke Allee mit hohen Bäumen führt durch das Gelände, vorbei an prunkvollen Backsteinfassaden und opulenten Giebeln mit Zinnenkranz und Zwiebeltürmchen. Wären nicht die beiden Fördergerüste, könnte die Zeche Zollern in Dortmund-Bövinghausen glatt als Adelssitz aus dem 19. Jahrhundert durchgehen. Ihre Gebäude sind symmetrisch angeordnet und strahlen nicht die nüchterne Funktionalität aus wie auf anderen Schachtanlagen. Kein Wunder, dass sie im Volksmund rasch als Schloss der Arbeit bezeichnet wurde, obwohl Lohn und Arbeitsbedingungen alles andere als fürstlich waren.

Errichtet wurde Zollern zwischen 1898 und 1904 als Musterzeche von der Gelsenkirchener Bergwerks AG – und war

Das Jugendstilportal der Maschinenhalle von Zollern könnte auch einen Pariser Bahnhof der Jahrhundertwende schmücken.

1969 wurde das Portal unter Denkmalschutz gestellt. Es war der Beginn der Industriedenkmalpflege in Deutschland. 1981 wurde Zollern dann restauriert.

ein Statement, mit dem die Ruhrbarone ihre wirtschaftliche Stärke, Macht und Modernität in norddeutscher Backsteingotik zum Ausdruck brachten. Heute gilt Zollern als eines der schönsten und außergewöhnlichsten Zeugnisse der deutschen Industriegeschichte. Höhepunkt eines Rundgangs auf der Zeche Zollern ist zweifellos die Maschinenhalle mit dem beeindruckenden Jugendstil-Portal, das der Besucher eher in einem Pariser Bahnhof der Jahrhundertwende vermutet als in einem Zechengebäude im Dortmunder Westen. Die Halle gehört zu den meistfotografierten Museen im Ruhrgebiet und gilt als Ikone der Industriekultur. Ihre für damalige Verhältnisse kühne Stahlkonstruktion, von der GHH (Gute-

Arbeit unter Tage

Der Rückblick verklärt vieles. Deshalb wird schnell verdrängt, wie hart und entbehrungsreich die Arbeit unter Tage war. Wegen der katastrophalen hygienischen Verhältnisse, der fast unweigerlich auftretenden Staublunge und den ständigen Heiß-Kalt-Wechseln – nach der Schicht mussten die verschwitzten Kumpel hundert Meter durch Kälte und Wind gehen, um zur Waschkaue zu kommen – wurden viele Männer krank. Viel älter als 50 Jahre wurden die wenigsten. Ihre Familien lebten in drangvoller Enge. Bei Führungen auf Zollern wird auch dieser Aspekt des Bergbaus behandelt.

Im Originalzustand erhalten sind die Schalttafeln aus Marmor, die Jugendstil-Werksuhr und die elektrisch betriebenen Maschinen. Zollern war übrigens als erste Zeche der Welt über Tage voll elektrifiziert.

hoffnungshütte Oberhausen) geplant, die im Originalzustand erhaltenen Maschinen, die Marmorschalttafeln und die alte Jugendstil-Werksuhr machen deutlich, dass nie gekleckert, sondern immer geklotzt wurde. Auch in technischer Hinsicht war die Zeche Zollern II/IV richtungweisend: Die östliche Fördermaschine, die 1903 installiert wurde, gilt als eine der ersten elektrischen Fördermaschinen der Welt. Als erste Zeche der Welt war Zollern damit über Tage voll elektrifiziert.

Bekannt ist das Bergwerk auch für seine Lohnhalle, die mit ihren Zwiebeltürmen eher an eine russisch-orthodoxe Kirche erinnert. „Kathedrale" wurde sie wegen ihres hohen Gewölbes und der reichen Verzierungen genannt. Alle zehn Tage kamen die Kumpel dort hin, um ihren Lohn in Empfang zu nehmen. Angereicht wurden die Lohntüten aus niedrigen Fenstern, was dazu führte, dass sich die Kumpel vor den Zechenbeamten bücken mussten. Ein Schuft, der Schlechtes dabei denkt.

Auch außerhalb der Hallen gibt es noch viele Relikte der Bergbau-Ära zu besichtigen.

Bis 1955 wurde auf Zollern Kohle gefördert. In den 1960er-Jahren drohte dann der Abriss, weil eine Schnellstraße über das Areal geführt werden sollte. Experten und Bürger waren entsetzt darüber, dass die einmalige architektonische Qualität der Maschinenhalle einer schnöden Straße geopfert werden sollte. Sie protestierten mit Erfolg und sicherten damit den Erhalt des gesamten Ensembles.
1969 wurde der Vorzeigebau aus Stahl und Glas unter Denkmalschutz gestellt. Es war der Beginn der Industriedenkmalpflege in Deutschland. Erst 1981 wurde die Zeche Zollern vom Landschaftsverband Westfalen-Lippe (LWL) übernommen, restauriert und zu einem gut besuchten Museum ausgebaut. In Dauer- und Sonderausstellungen wird vermittelt, wie in der ersten Hälfte des 20. Jahrhunderts im Bergwerk gearbeitet wurde. Wie die Bergarbeiter damals lebten, kann der Besucher an authentischen Orten am Rande des Zechengeländes erfahren.

LWL-Industriemuseum
Zeche Zollern
Grubenweg 5
44388 Dortmund
T. 0231 6961111
www.zeche-zollern.de
Di–So 10–18 Uhr

 **Gastro-Tipp**

Im „Pferdestall" der Zeche Zollern gibt es neben gehobener westfälischer Küche auch Ruhrpott-Tapas, sprich eine Auswahl von Ruhrgebietsspezialitäten wie Metthäppchen, Currywurst usw.

Pferdestall
Grubenweg 5
44388 Dortmund
T. 0231 690236
Di–So 12–0 Uhr
www.pferdestallwim.de

Der Meister macht das Eckige zum Runden:

Colani-Ei

Das Colani-Ei oder Colani-Ufo hat Lünen bekannt gemacht. Es handelt sich dabei um einen Aufsatz auf dem Förderturm der ehemaligen Zeche Minister Achenbach IV, den der Meister der schönen Form entworfen hat. Er dient heute als Business-Lounge.

Sie nannten ihn „Meister der Rundungen" (Der Spiegel) und bezeichneten ihn als Mann, der alles Eckige rund machte. Als der berühmte Designer Luigi Colani im September 2019 im Alter von 91 Jahren starb, hatte die Welt der schönen Formen einen ihrer ganz Großen verloren. Auch im westfälischen Lünen haben sie um den Maestro getrauert, denn Colani hat die 87 000-Einwohner-Stadt europaweit bekannt gemacht und sich mit dem Colani-Ufo, das gern auch Colani-Ei genannt wird, selbst ein Denkmal gesetzt.
Natürlich stellt sich die Frage, was das Colani-Ei mit einem

Industriedenkmal zu tun hat. Die Erklarung: Das Ufo oder Ei thront auf dem Förderturm der ehemaligen Steinkohlenzeche Minister Achenbach IV, die nach dem damaligen preußischen Handelsminister Karl Julius von Achenbach benannt wurde, 1900 in Betrieb ging und jahrzehntelang einer der wichtigsten Arbeitgeber in diesem Grenzbereich zwischen Ruhrgebiet und Münsterland war.

1992 war Schicht im Schacht auf der Zeche Minister Achenbach IV, deren historische und denkmalgeschützte Kauen und Verwaltungsgebäude zum Gründer- Technologiezentrum LÜNTEC umgebaut wurden – heute eine Denkfabrik mit Schwerpunkt IT, in der in Dutzenden Firmen über 500 Menschen arbeiten. 1995 setzte dann Luigi Colani, der ursprünglich mit Vornamen Lutz hieß, mit seinem Ellipsoid der ganzen Sache die Krone auf.

Das Colani-Ufo oder -Ei wurde zum Symbol für den Strukturwandel und zur Landmarke für den Osten des Ruhrgebiets.

Und wenn es dunkel wird und die effektvolle Beleuchtung des Kunstobjektes einsetzt, gehört es zu den besonders häufig fotografierten Objekten der Region. Im Inneren des Colani-Ufos befindet sich heute eine futuristisch gestaltete Business-Lounge, aus der die Gäste in 35 Metern Höhe einen schönen Panoramablick auf Lünen haben. Sie kann für Veranstaltungen gemietet werden.

Technologiezentrum LÜNTEC
Colani-Ufo
Am Brambusch 24
44536 Lünen
T. 0231 9860-100
www.luentec.de

Lünen-Tipps

Lünen gilt wegen seines gut ausgebauten Radwegenetzes und mehrerer Verleihstationen als besonders fahrradfreundlich. Die Evangelische Stadtkirche St. Georg und die St. Marienkirche, aber auch die Alte Kaffeerösterei und das Museum der Stadt Lünen, lassen sich per Drahtesel prima erkunden.

www.luenen.de

Internationales Zentrum für Lichtkunst:

Lindenbrauerei

Alle reden von der Bierstadt Dortmund, dem großen Nachbarn im Osten. Dabei hat auch Unna eine stolze Brautradition. Die Industrialisierung sorgte dafür, dass immer mehr Menschen in diesen Raum kamen. Bier war ein kostengünstiges Getränk, das Stahlkochern, Fabrikarbeitern und Bergleuten hervorragend mundete.

Unna/Altstadt
In Unna treffen zwei Regionen aufeinander: das Ruhrgebiet im Westen und das Sauerland im Osten. Nach dem Besuch des Zentrums für Internationale Lichtkunst bietet sich ein Bummel durch die malerische Altstadt mit ihren schönen Fachwerkhäusern an. Sehenswert sind das Alte Rathaus am Markt aus dem Jahr 1833 und der Eulenturm am Südwall, der als Teil der Stadtbefestigung 1475 entstand.
www.unna-marketing.de

Kein Wunder, dass die Lindenbrauerei Unna nach ihrer Gründung 1859 mit ihrem „Linden-Adler-Pils" noch 120 Jahre lang erfolgreich war, bevor 1979 die Produktion eingestellt wurde. Gegen die großen Braugruppen, die viele kleine Traditionsunternehmen geschluckt hatten, kam das Unternehmen einfach nicht mehr an.
Auf dem Trockenen sitzt der Gast in der denkmalgeschützten Lindenbrauerei, einem Ankerpunkt der Route der Industriekultur, aber nicht. Das gemeinnützige Kultur- und Kommunikationszentrum, das in den Gebäudekomplex eingezogen ist, bietet nicht nur ein beachtliches Kulturprogramm von Theater und Kabarett bis hin zu Konzerten und Ausstellungen. In der Gastronomie steht auch das selbstgebraute, gute alte Lindenbier auf der Getränkekarte. Wohl bekommt's.

Die Lindenbrauerei in Lünen ist nicht zu übersehen. Dafür sorgt schon der 52 Meter hohe Schornstein. In den alten Räumen der Brauerei ist ein florierendes Kommunikations- und Kulturzentrum entstanden, tief unter der Erde residiert das renommierte Internationale Zentrum für Lichtkunst.

Dass die Lindenbrauerei auch ohne Navi leicht gefunden wird, liegt an ihrem 52 Meter hohen Schornstein, der weithin sichtbar ist. Unter der Erde, in den Gärbecken und Kühlräumen der Brauerei, in die kein natürlicher Lichtstrahl dringt, tut sich dagegen eine ganz besondere, mitunter surreale Kunst-Welt auf. Das Zentrum Internationale Lichtkunst zeigt auf 2600 Quadratmetern seine

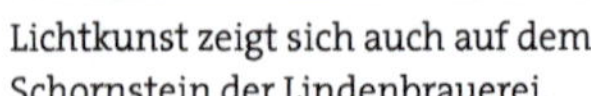
Lichtkunst zeigt sich auch auf dem Schornstein der Lindenbrauerei.

weltweit einmalige Sammlung von Lichtkunst-Installationen, die für eine einzigartige Atmosphäre sorgen. 13 der international renommiertesten Lichtkünstlerinnen und Lichtkünstler haben dauerhafte Installationen geschaffen, die technisch und ästhetisch auf den jeweiligen Raum zugeschnitten wurden, darunter Mario Merz, Joseph Kosuth, Christian Boltanski, Brigitte Kowanz und Olafur Eliasson. Der spannende

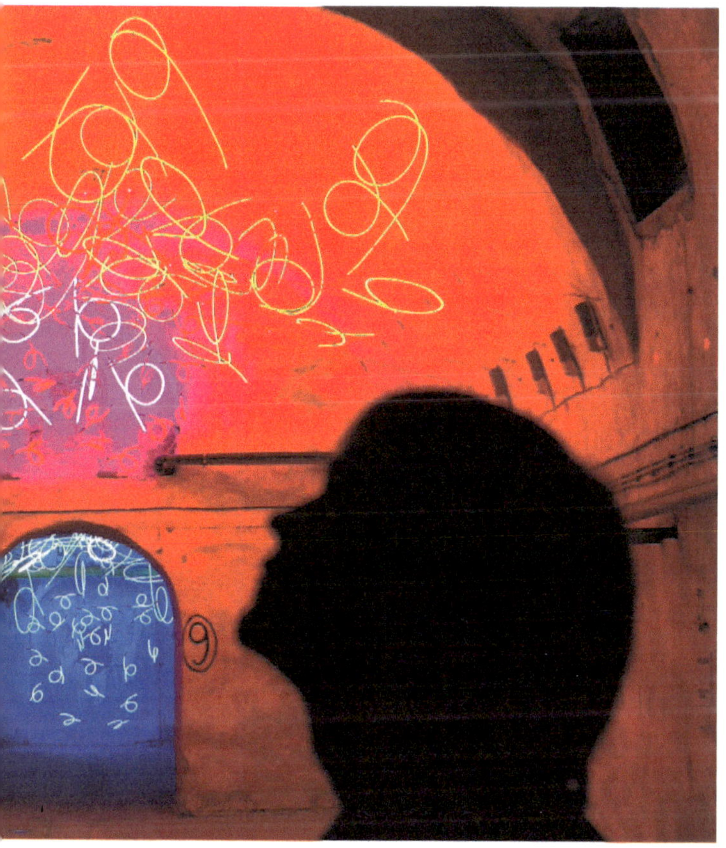

Tief unter der Erde, in den Kühlräumen und Gärbecken, haben 13 der international bekanntesten Lichtkünstlerinnen und Lichtkünstler dauerhafte Installationen eingerichtet. Avantgardistische Lichtkunst in historischer Bausubstanz – spannend.

Kontrast aus avantgardistischer Lichtkunst und historischer Bausubstanz lockte seit der Gründung Hunderttausende Besucher in die westfälische 66 000-Einwohner-Stadt.

Zentrum für Internationale Lichtkunst
Lindenplatz 1
59423 Unna
T. 02303 103751
Besuch im Rahmen öffentlicher Führungen. Bitte Homepage beachten.
www.lichtkunst-unna.de

Ort einer der größten Katastrophen des deutschen Bergbaus:

Zeche Radbod

Völlig unterschiedlich in ihrer Form stehen die drei Fördergerüste samt Hängebänken und Maschinenhäusern mit den dampfgetriebenen Fördermaschinen auf dem weiten Gelände der Zeche Radbod in Hamm. Ein Förderturm kommt eher schlank daher, der mittlere und der letzte in der Reihe wirken eher wuchtig. Sie gehören zu den wichtigsten Industriedenkmälern im östlichen Ruhrgebiet. Doch vor allem halten sie die Erinnerung an eines der größten Unglücke in der deutschen Bergbaugeschichte lebendig.

Im November 1908 – die Zeche war gerade zwei Jahre in Betrieb – erschütterte eine bis dahin kaum denkbare Katastrophe das Bergwerk und den heutigen Hammer Stadtteil Bockum-Hövel. Bei einer Schlagwetterexplosion starben 350 Kumpel, 348 direkt vor Ort, zwei am Tag danach im Krankenhaus. Fast die gesamte Nachtschicht wurde ausgelöscht. Die Bilder der verzweifelten Angehörigen, die sich um die Toten scharten, gingen um die Welt und lösten große Anteilnahme aus.

Die Ursache wurde nie ganz geklärt: von unsachgemäßen Sprengungen oder einem Defekt an einer der damals gängigen Benzingrubenlampen war die Rede. Sofort wurde deshalb angeordnet, auf allen Zechen

Hängebank

Eine Hängebank ist die Entladestation für die Kohle über Tage. Von hier betritt auch der Bergmann den Förderkorb. Während die übliche Hängebank zehn bis zwölf Meter über der Erde gebaut wird, um die Schwerkraft beim Verladen der Kohle nutzen zu können, liegt die sogenannte Rasenhängebank zu ebener Erde. Ein Vorteil ist dabei die niedrigere Höhe des Fördergerüsts und der geringere Bauaufwand. Dafür müssen allerdings die Bandanlagen für die Entladung in den Keller verlegt werden.

Die drei unterschiedlichen Fördergerüste unterscheiden Radbod von anderen Zechen. Und sie erinnern an das schreckliche Grubenunglück vom November 1908, bei dem 350 Menschen starben.

des Deutschen Reiches die Benzinlampen durch elektrische Lampen zu ersetzen. Sprengstoff durfte nur noch in Ausnahmefällen verwendet werden. Ein großer Schritt zu mehr Arbeitssicherheit.
Ohnehin galt Radbod schon vor der Katastrophe als gefährlich. Aber auch nach der Wiederaufnahme der Arbeit 1909 kam es häufiger zu Bränden und Explosionen. Im Laufe der Jahrzehnte verloren dort über 800 Bergleute ihr Leben. Bis heute aber blieb jener tragische 12. November 1908 im Gedächtnis, als viele Familien auf einen Schlag

ihrer Väter, Söhne und Onkel beraubt wurden.
Heute – über 30 Jahre nach der Zechenschließung 1990 – haben sich auf dem über 140 000 Quadratmeter großen Gelände 20 Firmen mit mehr als 250 Mitarbeitern angesiedelt, darunter Logistiker und Installateure. Im „Kulturrevier" haben Kreative ihre

Schutzpatron

Die damaligen Investoren benannten ihre Zeche nach dem Erzbischof Radbod von Trier (Episkopat 883 – 915), der Schutzpatron des Bergwerks sein sollte. Weil nach dem Ersten Weltkrieg der Belegschaft, die SPD-nahe oder sogar kommunistisch eingestellt war, ein Erzbischof als Patron nicht zugemutet werden konnte, musste ein gleichnamiger friesischer Herzog als Namensgeber herhalten.

Ateliers, es finden Konzerte und Veranstaltungen statt. Was von der Zeche übrig blieb, kann bei Führungen besichtigt werden.

Zeche Radbod Schacht 1/2
An den Fördertürmen 6
59075 Hamm
www.industriedenkmal-stiftung.de
Besichtigung im Rahmen von Führungen

Neues Leben herrscht auf der 1990 stillgelegten Zeche Radbod. Auf dem 140 000 qm großen Gelände haben sich 20 Firmen mit über 250 Mitarbeitern angesiedelt. Im „Kulturrevier" arbeiten Kreative und es finden Konzerte und Veranstaltungen statt.

Weit mehr als stumme Zeugen des Bergbaus

Die Halden des Ruhrgebiets

Graue Berge, die sich hinter kleinen Zechenhäusern auftürmen. Schwarze Mondlandschaften, aus denen es qualmt, manchmal stinkt und dunkler Staub die Wäsche auf der Leine gleich wieder verdreckt – die Halden trugen dazu bei, dass das Ruhrgebiet bis weit ins vergangene Jahrhundert hinein als eine Art Kohlenkeller der Republik betrachtet wurde: mit einem denkbar schlechten Image. Dabei gab es zu diesem Zeitpunkt nur noch wenige aktive Bergwerke. Aber irgendwo musste die schier unendliche Menge Abraum ja hin, die beim Abteufen der Schächte und beim Ausbau der Flöze anfiel. So entstanden riesige Bergehalden, die das Bild des Reviers prägten. Aus ihnen sind mittlerweile vielerorts grüne Hügel geworden, die längst nicht mehr als stumme Zeugen des Bergbaus wahrgenommen werden. Von Menschen und manchmal nur von der Natur regeneriert, entstanden Landschaftsbauwerke, die es woanders kaum gibt, mit Kunstwerken und Landmarken auf den Gipfeln. Früher verbotenes Land, zählt die Haldenlandschaft heute zu den Attraktionen des Ruhrgebiets.

Freizeitsportler und Naturschützer, Künstler und Spaziergänger, Biologen, Naturwissenschaftler und sogar Esoteriker nutzen die einzigartigen Formationen auf ganz individuelle Weise. Alle genießen die Weitsicht und die Stille auf den Gipfeln, die den Kopf frei machen. „Halden-hopping", also das Erklimmen verschiedener Halden, ist Kult geworden. Von West nach Ost sind die bekanntesten Halden mit ihren besonderen Merkmalen Industriedenkmäler der ganz besonderen Art.

Wer eine Haldentour plant, kann über www.besucherzentrum-hoheward@rvr-online.de eine Führung buchen oder über www.halden-huegel-hopping.de die nötigen Informationen erhalten.

Berge

Der Abraum, das Material, das bei der Steinkohlenförderung zwangsläufig mit abgebaut wurde und nicht genutzt werden konnte, heißt in der Bergbausprache Berge. Meist wurde er in der Nähe der Zeche aufgeschüttet. So wuchsen die Bergehalden heran, zuerst als Spitzkegel, später in der Form von Tafelbergen, also mit einem langen und breiten Gipfelrücken. Nicht selten erreichten sie Höhen von über hundert Metern.

Hatte die Bergehalde ausgedient, wurde sie mit Sträuchern und schnellwachsenden Bäumen bepflanzt. Oft sorgte die Natur aber selbst dafür, dass sich Flora und Fauna auf dem früher verbotenem Terrain ansiedelten. Allen Halden gemeinsam ist der Blick, den der Besucher von den einst schwarzen Bergen auf das Ruhrgebiet hat, und der frische Wind, der ihm gelegentlich um die Ohren pfeift.

Moers – Die größte Grubenlampe der Welt:

Halde Rheinpreußen

Die begrünte Bergehalde der ehemaligen Zeche Rheinpreußen in Moers ist nicht zu übersehen. Das liegt zum einen am größten Montankunstwerk der Welt: eine 30 Meter hohe Grubenlampe (Foto), die der 2014 verstorbene Künstler Otto Piene geschaffen hat und die „das Geleucht" heißt. Genau so nennen die Kumpel ihre Grubenlampen. Vom Fuß der Halde bis zur Spitze des Geleuchts sind es 122,6 Meter. Wer die Strapazen des Aufstiegs auf sich nimmt, wird mit einem atemberaubenden Blick auf die rechtsrheinische Industriekulisse und den Niederrhein belohnt. Wenn es dämmert, erstrahlen die Grubenlampe und weitere 8000 Quadratmeter des Haldenrückens in einem sanften Tiefrot, das die Wärme und Energie aus der dort einstmals geförderten Kohle symbolisiert.

Geleucht, Halde Rheinpreußen
Gutenbergstraße
47443 Moers
www.das-geleucht.de

Castrop-Rauxel – Der Berg der Sonnenzeit:

Halde Schwerin

Ihren Namen verdankt die Halde der Zeche Graf Schwerin. Und mit einer Höhe von 147 Metern über NN gilt sie sogar als höchster Berg Castrop-Rauxels. Was den Besuch wirklich lohnt, ist die aus 24 Edelstahlstäben bestehende Sonnenuhr (Foto) des Künstlers Jan Bormann, die aus der Halde einen „Berg der Sonnenzeit" gemacht haben. Bormann zeichnet auch für das „Geokreuz" mit einer Industrie- und einer Naturachse verantwortlich. Am Fuß der Halde sind die Kunstwerke „Wassertempel" von Peter Strege und „Sinuspergola" von Klaus Corzilius zu sehen.

Halde Schwerin
Bodelschwinghstraße
44577 Castrop-Rauxel
www.ruhr-tourismus.de

Duisburg – Überwältigender Blick auf Industrie und Idylle:

Alsumer Berg

Streng genommen ist der Alsumer Berg im Duisburger Norden kein Industriedenkmal im klassischen Sinne, besteht er doch ausschließlich aus Trümmern, Schutt und Müll. Darunter begraben liegt der versunkene Stadtteil Alsum, der bis Ende des 19. Jahrhunderts ein beschauliches Fischerdorf war. Das änderte sich, als ab 1892 die Steinkohlenzeche „Gewerkschaft Deutscher Kaiser" den dortigen Hafen zum Verladen von Kohle nutzte. Durch Bergsenkungen soff das Gebiet gegenüber dem Rhein wortwörtlich ab. Im Zweiten Weltkrieg blieb kaum ein Haus in Alsum verschont, ein Wiederaufbau lohnte sich nicht. 1954 zogen die letzten Bewohner fort, und der Stadtteil, in den sogar eine Straßenbahnlinie führte, wurde schlicht zugekippt.

Es entstand ein gigantischer Hügel, der begrünt und später sogar zum Landschaftsschutzgebiet erklärt wurde. Wer die 50 Höhenmeter zum Gipfelkreuz meistert, wird mit einem unvergleichlichen Blick auf den beschaulichen Niederrhein mit seinen Auenlandschaften belohnt. Nach einer halben Kopfdrehung springt den Betrachter dann das gewaltige Thyssenkrupp-Panorama mit den Hochöfen in Hamborn, dem Stahlwerk in Bruck-

hausen und der riesigen Kokerei Schwelgern förmlich an (Foto). Mehr Kontrast geht nicht. Relativ unscheinbarer Ausgangspunkt der Gipfeltour ist der Alsumer Steig. Die Fahrt dorthin mutet irgendwie surreal an. Er führt durch die Thyssen-Werksanlagen, vorbei an Rohrleitungen und rostigen Aggregaten. Viel Fantasie braucht der Besucher nicht, um sich wie in der Kulisse eines Science-Fiction-Films oder Endzeitdramas zu wähnen.

Alsumer Berg
Anfahrt über Alsumer Steig
47166 Duisburg

Bottrop – Alt-Ägypten im Revier – der Tetraeder:

Halde Beckstraße

Alt-Ägypten, Landmarke, durchsichtige Pyramide – für den Tetraeder auf der Halde Beckstraße gibt es viele Deutungen. Auf jeden Fall gehört die begehbare Skulptur zu den bekanntesten Standorten der Industriekultur und ist weithin sichtbar. Die Halde aus dem Abraum der Ende 2018 stillgelegten Zeche Prosper Haniel und der 50 Meter hohe Tetraeder bringen es auf eine Gesamthöhe von 165 Meter über NN. Es gibt drei Aussichtsplattformen im Tetraeder, von denen sich die höchste auf 38 Metern befindet und zudem noch um acht Grad geneigt ist. Man benötigt schon etwas Mut und Kondition für den Aufstieg, denn die Treppen sind nach unten offen. Bei starkem Wind gerät die von Professor Wolfgang Christ geplante Konstruktion leicht ins Schwanken. Aber keine Panik, der Tetraeder – seine Spitze wird nachts angeleuchtet – ist zigfach auf seine Sicherheit gecheckt worden. Seit der Einweihung 1995 ist noch jeder Besucher heil heruntergekommen.

Halde Beckstraße mit Tetraeder
Beckstraße
46238 Bottrop
www.bottrop.de/funcity-freizeit-tourismus

Essen – Eine Bramme für das Ruhrgebiet:

Schurenbachhalde

Einer Mondlandschaft ohne Baum und Strauch gleicht die Schurenbachhalde an der Stadtgrenze zu Gelsenkirchen, die aus 25 Millionen Tonnen Abraum angehäuft wurde und 50 Meter hoch ist. Ein sehr minimalistischer, kahler Buckel, der seine Faszination durch die 14,5 Meter hohe und 4,5 Meter breite Stahlskulptur des Amerikaners Richard Serra erhält. „Bramme für das Ruhrgebiet" hat Serra sein 67 Tonnen schweres Kunstwerk genannt, das bei der Einweihung 1998 nicht nur Begeisterungsstürme auslöste. An der Anziehungskraft der Halde änderte dies nichts. Täglich steigen Hunderte Besucher die 267 Stufen zum Gipfelplateau hinauf, um die besondere Atmosphäre dieses Ortes zu spüren.

Schurenbachhalde
Emscherstraße/Nordsternstraße
45329 Essen
www.route-industriekultur.ruhr/panoramen/schurenbach-halde.html

Bottrop – Kreuzweg, Totems und Amphitheater:

Halde Haniel

Mit einer Höhe von 185 Metern über dem Meeresspiegel und einem Anstieg von 120 Metern ist die Halde Haniel sozusagen der Mount Everest der Haldenlandschaft des Ruhrgebiets und die höchste begehbare. Ihren besonderen, surrealen Charakter erhält die Halde durch die Installation „Totems“ des baskischen Künstlers Agustin Ibarrola auf dem Haldenrücken, die aus über hundert bunt bemalten Eisenbahnschwellen besteht (Foto). Ein Eindruck, der durch das Gipfelkreuz und dem Amphitheater mit 800 Plätzen noch verstärkt wird. Berühmt ist die Halde vor allem aber durch ihren Kreuzweg, den an jedem Karfreitag Tausende Gläubige gehen. An 15 Stationen werden in Kupferplatten die Leiden Christi dargestellt, dazu jeweils ein Werkzeug aus der Welt des Bergbaus. Die Ordensfrau Tisa von der Schulenburg, der Künstler Adolf Radecki und Auszubildende des Bergwerks Prosper Haniel haben den Kreuzweg geschaffen.

Halde Haniel
Fernewaldstraße
46242 Bottrop
Parkplatz Bergwerk Prosper-Haniel
www.bottrop.de/funcity-freizeit-tourismus

Gelsenkirchen – Auf der Himmelstreppe:

Halde Rheinelbe

Der Künstler Hermann Prigann versteht es meisterhaft, aus tonnenschweren Teilen alter Industrieanlagen Skulpturen zu erschaffen. Auf dem kahlen, südlichen Haldenkegel der Halde Rheinelbe ist ihm dies eindrucksvoll gelungen. Majestätisch reckt sich die zehn Meter hohe Skulptur „Himmelstreppe", die aus 35 unregelmäßigen Betonblöcken einer alten Kokerei besteht, den Wolken entgegen. Sie thront auf einem 35 Meter hohen Spitzkegel. Dort hinauf führt eine Treppe, die mit der Skulptur eine Einheit bildet. Ein mystischer Ort, der mitten im Revier an Maya-Kunst in Mittelamerika oder an die berühmten Skulpturen auf den Osterinseln erinnert. Der Fuß der Halde ist dicht bewachsen. Dort hat Prigann einen Skulpturenwald mit Überbleibseln der Industrie installiert.

Halde Rheinelbe
Leithestraße 35
45886 Gelsenkirchen
www.gelsenkirchen.de

Gelsenkirchen – Wenn die Nachtzeichen erwachen:

Halde Rungenberg

Wie eine Doppelpyramide erhebt sich die begehbare Halde der im Jahr 2000 stillgelegten Zeche Hugo direkt neben der Zechensiedlung Schüngelberg. Mit 115 Metern über NN und 67 Metern ab Parkplatz ist auch sie relativ groß. Spektakulär erscheint sie bei Dunkelheit, wenn die „Nachtzeichen“ erwachen, ein Kunstwerk von Hermann Es Richter und Klaus Noculak. Von jedem der beiden Gipfel aus leuchten zwei Scheinwerfer in den Himmel, deren Lichtkegel sich in der Mitte kreuzen und dadurch den Anschein einer einzigen, großen Pyramide erwecken.

Zugang über die Rungenbergstraße
45897 Gelsenkirchen

Herten – Im Horizontobservatorium treffen sich Himmel und Erde:

Halden Hoheward und Hoppenbruch

Diesen besonderen Tag im Sommer 2013 werden viele Ruhrgebietsbewohner nicht vergessen. Damals raste Sebastian Vettel mit einer ferrariroten Seifenkiste die Halde Hoheward hinunter, die speziell dafür präpariert worden war. 55 000 Zuschauer feierten den damaligen Formel I-Weltmeister. Mehr Strukturwandel geht nicht.

Hoheward und die angrenzende Halde Hoppenbruch bestehen aus unglaublichen 180 Millionen Tonnen Abraum, die im Laufe der Jahrzehnte auf der Zeche Recklinghausen angefallen waren. Gemeinsam bilden sie die größte Haldenlandschaft Europas, die durch Stege und Treppen erschlossen ist. Auf dem Gipfelrücken von Hoheward, in 152 Metern Höhe, treffen im Horizontobservatorium im wahrsten Sinne des Wortes Himmel und Erde aufeinander. Zwei 46 Meter hohe Halbbögen stellen den Meridian- und den Äquatorbogen dar. Steht man genau in der Mitte der alles überspannenden Bögen, können mit Hilfe von Peilmonumenten Sonnen- und Mondwenden und astronomische Jahreszeiten beobachtet werden.

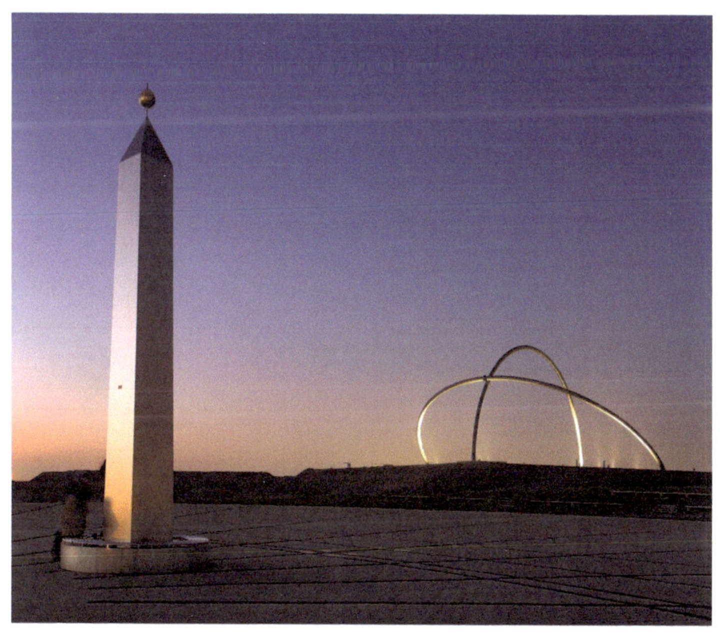

Weiter im Süden reckt sich der 8,5 Meter hohe Obelisk aus Edelstahl in die Höhe. Bei gutem Wetter dient er als Sonnenuhr, die Datum und Ortszeit angibt. Zur Winter- und Sommersonnenwende ist es auf Hoheward voll von Menschen, die im „Stonehenge des Reviers" eine besondere Mystik zu verspüren glauben.

Das Gros der Besucher verliert sich jedoch nicht in esoterischen Weiten, sondern geht im Landschaftspark Hoheward irdischen Vergnügungen nach. Spaziergänger, Walker und Jogger lieben die 5,5 Kilometer lange Balkonpromenade mit ihren teilweise freischwebenden Aussichtsplattformen. Als Eldorado für Mountainbiker gilt dagegen die Halde Hoppenbruch. Auch sehenswert: die knallrote Drachenbrücke, die den Stadtteilpark Recklinghausen-Hochlarmark mit der Promenade Hoheward verbindet.

Landschaftspark Hoheward
Besucherzentrum Hoheward
Werner Heisenberg-Straße 14
45699 Herten
T. 02366 181160
www.landschaftspark-hoheward.de

Vom Recht auf eine Werkswohnung ...

Die Arbeitersiedlungen des Ruhrgebiets

Es gibt sie noch, die Ruhrgebietsidylle jenseits der Standorte der Industriekultur. Viele historische Zechen und stillgelegte Stahlwerke sind zu einer Marke geworden, die Millionen Besucher aus ganz Europa anzieht. Denn wo kommt man näher heran an die Relikte der alten Industrie, kann Staub und Patina der riesigen Hallen, dicken Rohre und mächtigen Aggregate förmlich fühlen und riechen? Dahinter steckt ein professionelles Management – und das ist gut so, denn dadurch konnte sich der Tourismus zu einem wichtigen Wirtschaftsfaktor in der Region entwickeln. Wer jedoch abseits der bekannten Ziele ein wenig vom Lebensgefühl der Menschen spüren möchte, sollte durch eine der Arbeiter- und Zechensiedlungen schlendern, von denen es Hunderte im Revier gibt und viele unter Denkmalschutz stehen. Allein 51 von ihnen sind Bestandteil der Route der Industriekultur.

Ein Blick zurück: Mitte bis Ende des 19. Jahrhunderts wuchsen die Ruhrgebietsstädte im Zuge der Industrialisierung rasant heran. Bergwerke, Eisenhütten und Stahlwerke suchten händeringend Arbeitskräfte. Und die kamen aus den damaligen preußischen Ostprovinzen und anderen ländlichen Regionen des Reiches, aus Schlesien, den Niederlanden und Österreich-Ungarn, um der Armut zu entrinnen und im Ruhrgebiet Arbeit und Brot zu finden. Neben einer für damalige Verhältnisse guten Bezahlung winkten die großen Unternehmen mit dem Recht auf eine Werkswohnung, die meist nicht weit von der jeweiligen Zeche oder Fabrik entfernt lag.

Firmen wie Thyssen, Krupp oder Gutehoffnungshütte (GHH) gründeten früh eigene Wohnungsbauunternehmen. So konnten sie gute und zuverlässige Arbeitskräfte an sich binden – und hatten diese zugleich unter Kontrolle. Die Arbeiter und ihre Familien entrannen wiederum der grassierenden Wohnungsnot. Zwangsläufig war es in den Häusern mit den in eine obere und untere Hälfte geteilten Türen – damit die Tiere nicht entwischen konnten – und dem kleinen Garten oft sehr eng. Was daran lag, dass mehrere Familien in dem Haus lebten, oft mit vier, fünf oder mehr Kindern. Meist wurde zudem das karge Budget durch einen Untermieter aufgebessert, den „Kostgänger". In der Regel waren es Junggesellen, die ebenfalls auf der Zeche arbeiteten.

Auf dem Dachboden so manchen Zechenhauses gurrten von den frühen 1950er-Jahren an Brieftauben, die „Rennpferde des kleinen Mannes". Bis heute gehören sie zum – inzwischen angestaubten – Klischee des Ruhrgebiets.

Die sogenannten Kolonien waren kleine Paradiese, die in der Wiederaufbauphase nach dem Zweiten Weltkrieg aber nicht mehr den zeitgemäßen Standards für den Wohnungsbau gerecht wurden. Viele wurden abgerissen, obwohl fast immer eine intakte soziale Gemeinschaft bestand und die baulichen Mängel hätten behoben werden können. Es war eine der großen Fehlentscheidungen, die im Ruhrgebiet der 1950er- und 1960er-Jahre getroffen wurden. Nur relativ wenige Siedlungen blieben erhalten und wurden vorsichtig – und oft auch mit Hilfe einer Gestaltungssatzung – modernisiert. Heute sind diese schmucken Zechenhäuser auf dem Immobilienmarkt gefragt.

Duisburg:

Siedlung Rheinpreußen

Der Siedlung Rheinpreußen, die 1903 rund um die Zeche Rheinpreußen im heutigen Duisburger Stadtteil Homberg/Hochheide errichtet worden war, drohte in den 1960er ein ähnliches Schicksal wie anderen Bergmannsquartieren: Sie sollte abgerissen werden, um Platz für Hochhäuser zu schaffen. Bis 1968 waren 1200 der fast 1800 Zechenwohnungen verschwunden, als die Bewohner den Kampf um ihr Zuhause aufnahmen und sich mit Hungerstreiks und Protestaktionen vor dem Duisburger Rathaus gegen den Abriss wehrten. 1979 kaufte die Stadt die verbliebenen 550 Wohnungen. Die Häuser stehen unter Denkmalschutz.

Südstraße 1
47198 Duisburg
www.duisburg.de/tourismus

Oberhausen:

Siedlung Eisenheim

Oberhausen gilt als „Wiege der Ruhrindustrie“ und kann zusätzlich noch mit der ältesten, natürlich denkmalgeschützten Arbeitersiedlung des Ruhrgebiets beeindrucken. Mit dem Bau der Siedlung Eisenheim wurde schon 1846 begonnen. Mit ihren eineinhalbgeschossigen Backsteinhäusern, Stall mit Plumpsklo und Garten lieferte sie die Blaupause für den Bau vieler ähnlicher Quartiere im Revier. Als die Siedlung in den frühen 1970er-Jahren abgerissen werden sollte, leisteten die Eisenheimer erbitterten Widerstand. Eine Bürgerinitiative, angeführt von dem Kunsthistoriker Professor Roland Günther, hatte sich massiv für den Erhalt eingesetzt und schließlich Erfolg gehabt. Im Museum Eisenheim wird die Geschichte der Siedlung und der lange Kampf um ihren Erhalt dokumentiert.

Berliner Straße 10a
46117 Oberhausen
www.industriemuseum.lvr.de (St. Antonyhütte)

Und:
Die Siedlung Eisenheim kennen vermutlich viele, ohne je dort gewesen zu sein. Etliche Szenen des Films „Das Wunder von Bern“ wurden dort gedreht. Nur wenige Kilometer entfernt liegt das Kontrastprogramm für Eisenheim: Die von Grün umgebene Villenkolonie „Am Grafenbusch“, die für die leitenden Angestellten der Gutehoffnungshütte vorgesehen war. Heute zählt der Grafenbusch zu den begehrtesten Wohngegenden Oberhausens.

Essen:

Gartenstadt Margarethenhöhe

Besser als auf der Margarethenhöhe südwestlich der Essener Innenstadt ist die Gartenstadt-Idee des Engländers Ebenezer Howard nirgends umgesetzt worden. Konzipiert vom Architekten Georg Metzendorf entstand ein wunderschönes, heimeliges Quartier aus unterschiedlichen Haustypen mit geschwungenen Giebeln, efeuumrankten Fas-

saden, viel Grün und freien Flächen. Initiiert hatte die Vorzeigesiedlung Margarethe Krupp (1854-1931), die Witwe Friedrich Alfred Krupps und somit Schwiegertochter des Konzerngründers Alfred Krupp, die damit der Hochzeit ihrer Tochter Bertha mit dem Diplomaten Gustav von Bohlen und Halbach einen besonderen Rahmen geben wollte. 1906 wurde eine entsprechende Stiftung gegründet und mit einer Million Mark sowie 50 Hektar Bauland ausgestattet.

Zwischen 1909 und 1920 entstand so ein Paradebeispiel für zweckmäßige und zugleich menschenfreundliche Bauweise, zu der Architekt Metzendorf maßgeblich beitrug. Von dieser Grundidee profitierten übrigens nicht nur Kruppianer. Die Stiftung wacht darüber, dass Bürger aus allen sozialen Schichten dort wohnen können. Eine Musterwohnung in der Stensstraße 25 kann nach Absprache besichtigt werden.

Zentrum: Kleiner Markt

45149 Essen

www.essen-margarethenhoehe.de

Bottrop:

Gartenstadt Welheim

Die Zeche „Vereinigte Welheim" förderte nur von 1914 bis 1931 Kohle, doch eine ihrer Hinterlassenschaften macht noch heute die Bottroper froh. Rund 1150 Werkswohnungen entstanden ab 1914 in einer Siedlung, die der englischen Gartenstadt-Idee nachempfunden war und zu einer der größten ihrer Art im Ruhrgebiet wurde. Im Zuge der Internationalen Bauausstellung Emscherpark (IBA) wurde die Siedlung Welheim, die unter Denkmalschutz steht, umfassend nach modernen Standards renoviert, ohne ihr traditionelles Erscheinungsbild zu verändern. Natürlich gilt auch Welheim heute als bevorzugte Wohngegend.

Welheimer Straße
46238 Bottrop

Gelsenkirchen:

Siedlung Schüngelberg

Zwischen der ehemaligen Schachtanlage Hugo, der Zechenbahn und der Doppelpyramide der Halde Rungenberg im heutigen Gelsenkirchener Stadtteil Buer, liegt die Siedlung Schüngelberg, deren Wahrzeichen das markante Torhaus im historischen Teil ist. Entstanden zwischen 1897 und 1919, stellt sie verschiedene Baustile und Siedlungskonzeptionen aus der Geschichte des Wohnungsbaus für Bergleute dar und besticht durch eine abwechslungsreiche Gestaltung mit Erkern und Mansardenfenstern. Soziale Unterschiede wurden dabei beachtet. So waren die Wohnungen an der Westfalenstraße, die ausschließlich für Zechenbeamte vorgesehen waren, mit bis zu 130 Quadratmetern doppelt so groß wie die Wohnungen der Kumpelfamilien. Ab 1991 wurde Schüngelberg im Zuge der Internationalen Bauausstellung Emscherpark saniert. Außerdem kamen 215 neue Wohnungen hinzu. Ein aufsehenerregendes Projekt, denn erstmals wurden im Ruhrgebiet modernisierte und denkmalgeschützte Altbauten mit einem Neubauprojekt verbunden.

Schüngelbergstraße
45897 Gelsenkirchen
www.zeche-hugo.de

Herne:

Siedlung Teutoburgia

Eine prachtvolle Allee, große Freiflächen, zahlreiche Straßenbäume und viel weiteres Grün prägen den harmonischen Gesamteindruck der Siedlung Teutoburgia im Herner Stadtteil Börnig. Nur das Fördergerüst und ein Maschinenhaus erinnern daran, dass dort von 1909 bis 1925 auf der

gleichnamigen Zeche Kohle gefördert wurde. Nach nur 16 Jahren war Schicht im Schacht auf Teutoburgia. Die Kohlevorkommen gaben einen weiteren Betrieb nicht her. Dabei war erst 1923 die schmucke Siedlung nach dem Gartenstadt-Konzept errichtet worden. In den 1960er- und 1970er-Jahren setzte – wie in vielen anderen Siedlungen auch – ein Renovierungsboom ein, bei dem sich viele Mieter nicht mehr um den Denkmalschutz scherten. Der damalige Eigentümer Veba Wohnen AG stoppte die Entwicklung und brachte die Siedlung von 1988 wieder denkmalgerecht in Schuss. Teilweise wurden dabei die Fassaden wieder in den historischen Zustand versetzt. Der Aufwand hat sich gelohnt: Teutoburgia mit seinen 136 Häusern mit 530 Wohnungen, von denen keines dem anderen gleicht, gilt neben der Essener Margarethenhöhe als städtebauhistorisch bedeutendste Arbeitersiedlung im Ruhrgebiet.

Baarestraße
44627 Herne
www.herne.de

Lünen:

Siedlung Ziethenstraße

Wer einen guten Eindruck von einer Zechenkolonie am Ende des 19. Jahrhunderts erhalten will, ist dort an der richtigen Adresse. 1898 ließ die Harpener Bergbau AG eine Siedlung mit 52 Backsteinhäusern für die Kumpel der Zeche Preußen errichten – wie üblich mit großen Gärten für die Selbstversorgung, Ställen für Ziege, Kaninchen und manchmal auch ein Schwein und dem obligatorischen Plumpsklo außerhalb des Hauses für zwei Familien. Heute ist alles zeitgemäß, aber denkmalgerecht modernisiert. Im Dachgeschoss der ehemaligen Pestalozzi-Schule erinnert eine Ausstellung mit Bildern, Fotos und Alltagsdingen an das damalige Leben der Bergmannsfamilien.

Bergmannsmuseum
Bahnstraße 31
44532 Lünen
www.luenen.de

Rolf Kiesendahl
365 Tipps für einen schönen Tag im Ruhrgebiet
240 Seiten mit 137 Abbildungen und zwei Karten
978-3-8319-0715-1

Selbst Ruhrgebiets-Kenner werden in diesem Buch Neues entdecken. Wir haben für Sie – natürlich ohne Anspruch auf Vollständigkeit – 365 Tipps für einen schönen Tag im Ruhrgebiet ausgewählt – also einen für jeden Tag des Jahres. Sie erfahren zum Beispiel:

- Von wo man den besten Blick auf das Revier hat.
- Was die Faszination von Zollverein ausmacht.
- Was CPM bedeutet. Und wo Currywurst, Pommes, Mayo am besten schmecken.
- Wo man 13 Meter tief zu einem Flugzeugwrack tauchen kann.
- Welche Pracht die Ruhrbarone hinterlassen haben.
- Was die gelbe Wand bedeutet. Und wo es eine fünf Kilometer lange Bierpipeline gibt.

Ein Buch für all jene, die diese faszinierende Industrieund Kulturregion gut zu kennen glauben, aber immer wieder von Neuem überrascht sind.
Die Tipps in diesem Buch versuchen, Ihnen diese Region zu öffnen. Kinder, Jugendliche, Familien, Singles, Ältere, MusikliebhaberInnen, Sportsfreunde, alle sollen die bunte Vielfalt des Reviers entdecken, erleben und genießen können. Das Angebot ist riesengroß!

Hans-Peter Noll/Rolf Kiesendahl
Das unbekannte Ruhrgebiet
156 Seiten mit 83 Abbildungen
978-3-8319-0714-4

Das klassische Revier der Zechen und Hochöfen gibt es nicht mehr. Stahl wird nur noch in Duisburg gekocht, Kohle nur noch in Bottrop gefördert. Ende 2018 ist dann endgültig Schicht im Schacht. Längst hat sich das Ruhrgebiet gewandelt und eine veränderte, selbstbewusste Identität gebildet. Der Stolz auf die große Montan-Vergangenheit bleibt, doch der Blick richtet sich nach vorn. Auf alten Flächen, oft direkt neben den Denkmälern der Industriekultur, ist eine neue Vielfalt entstanden. Stadtquartiere und Gewerbeparks gehören dazu, international bekannte Festivals, wie die Ruhrtriennale, das Klavierfestival Ruhr oder die Extraschicht Ruhr. Aber auch Kreativwirtschaft und Hightech-Firmen haben sich angesiedelt. Im Ruhrgebiet gibt es wieder viel zu entdecken. Dies zeigen die faszinierenden Aufnahmen der Fotokünstler, die bekannte Orte in ganz neuem Licht erscheinen lassen.

Hans-Peter Noll
Schönes Ruhrgebiet / The Beautiful Ruhr
80 Seiten mit 72 Abbildungen
978-3-8319-0745-8

Das Ruhrgebiet ist so vielfältig wie seine Menschen. Der Leser geht auf eine Entdeckungsreise. Von der Ruhr, wo die Industrialisierung begann, bis zu den grünen Rändern. Das Buch zeigt diese Region im Wandel. Auf der Suche nach einer neuen Identität entwickelt sie immer neue Kulturstätten, Naherholungsgebiete, außergewöhnliche Architektur und eine einzigartige Kombination von Stadt, Industrie und Natur. Faszinierende Fotos von Jochen Tack und anderen dokumentieren die Einzigartigkeit des Ruhrgebiets.

Bildnachweis
Deimel + Wittmar, Essen: S. 38/39; Guntram Walter, Erkrath: S. 34; HUBER IMAGES, Garmisch-Partenkirchen: S. 27 (Francesco Carovillano), 44 (Günter Gräfenhain), 61, 104, 134, 143, 144 (Heinz-Joachim Jockschat); Jochen Tack, Essen: S. 12, 22, 23, 24, 26, 28/29, 55, 56/57, 58, 60, 66, 68, 69, 70, 74/75, 82, 86/87, 95 o., 95 u.r., 96 o. + u., 98/99, 100, 110/111, 122, 136/137, 138, 139, 140/141, 142, 145; dpa Picture Alliance GmbH, Frankfurt am Main: S. 11, 18/19, 20, 31, 33, 46, 48, 64 65, 71, 77, 84, 85, 88, 89, 90, 92 u., 95 u.l., 102/103, 105, 106, 107 o. + u., 108/109, 112, 113, 118, 119 l., 120, 121, 126/127, 128, 130/131, 149, 150/151, 152, 153, 154/155, 156/157; Wikimedia Commons: S. 10, 14, 16, 17, 19, 21, 25, 30, 35, 36, 40, 42/43, 47, 49, 50, 51, 59 l. + r., 62, 72, 73, 78, 80, 92 o., 94, 101, 115, 116, 117, 119 r., 125, 126 l., 135, 148

Titelfoto: © Grischa Georgiew – stock.adobe.com
Kartografie: THAMM Bosau, (OSM-Daten, CC-BY-SA 2.0)
Linienplan: VRR AöR

Bibliografische Information der Deutschen Nationalbibliothek
Die Deutsche Nationalbibliothek verzeichnet diese Publikation in der Deutschen Nationalbibliografie; detaillierte bibliografische Daten sind im Internet über http://dnb.d-nb.de abrufbar.

ISBN 978-3-8319-0763-2

Text: Rolf Kiesendahl, Oberhausen
Redaktion Verlag: Sophie Niemann, Hamburg
Redaktion: Sylvia Lukassen, Gelsenkirchen
Covergestaltung: BrücknerAping Büro für Gestaltung GbR, Bremen
Gesamtherstellung: CPI books GmbH, Leck

www.ellert-richter.de
www.facebook.com/EllertRichter Verlag